L'Égypte

LAROUSSE

Cet ouvrage est l'adaptation française de
Insiders Egypt

Première impression : 2007

Directeur Général John Owen
Président-Directeur Général Terry Newell
Éditeur Sheena Coupe
Directeur de création Sue Burk
Développement John Bull, The Book Design Company
Coordination éditoriale Mike Crowton
Vice Président, Ventes internationales Stuart Laurence
Vice Président, Ventes et développement Amy Kaneko
Directeur Marketing Dawn Low
Administrateur, Ventes internationales Kristine Ravn

Éditeur du projet Jennifer Losco
Designers John Bull, The Book Design Company

Édition française

Traduction : Marie Ollivier-Caudray
Lecture-révision : Madeleine Biaujeaud
ISBN : 978-2-03-583189-7
N° de projet : 11003370
Dépôt légal : octobre 2007

Reproduction des couleurs par Chroma Graphics (Overseas) Pte Ltd
Imprimé en Chine par SNP Leefung Printers Ltd

À la loupe

L'Égypte

Joyce Tyldesley

LAROUSSE

Sommaire

Panorama

Une longue histoire

Le rôle de la religion

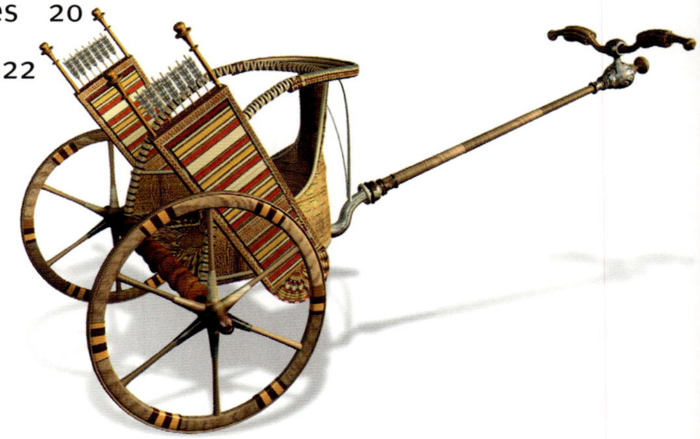

La vie quotidienne des Égyptiens

Zoom sur

Les pyramides et autres tombes

Temples et villes

Panorama

Un don du Nil

Hérodote, un historien de la Grèce antique, a écrit : « l'Égypte est un don du Nil ». En effet, sans le Nil, l'Égypte n'aurait pas survécu. Autrefois, le Nil servait à la fois de principale voie de communication et de système d'égouts. Les Égyptiens cultivaient leurs céréales et construisaient des maisons en briques de terre crue sur la terre fertile qui borde le Nil et que l'on désignait sous le nom de « terre noire ». Ils édifiaient leurs tombes et leurs cimetières dans le désert qui, loin du Nil, était appelé « terre rouge ».

De l'eau pour un pays aride

Le Nil, qui coule vers le nord en traversant la Haute-Égypte, fournit, tout le long de ce pays aride, l'eau dont il a tant besoin. En Basse-Égypte, à Memphis, près du Caire, le fleuve se divise en plusieurs branches (le delta du Nil) avant de se jeter dans la Méditerranée.

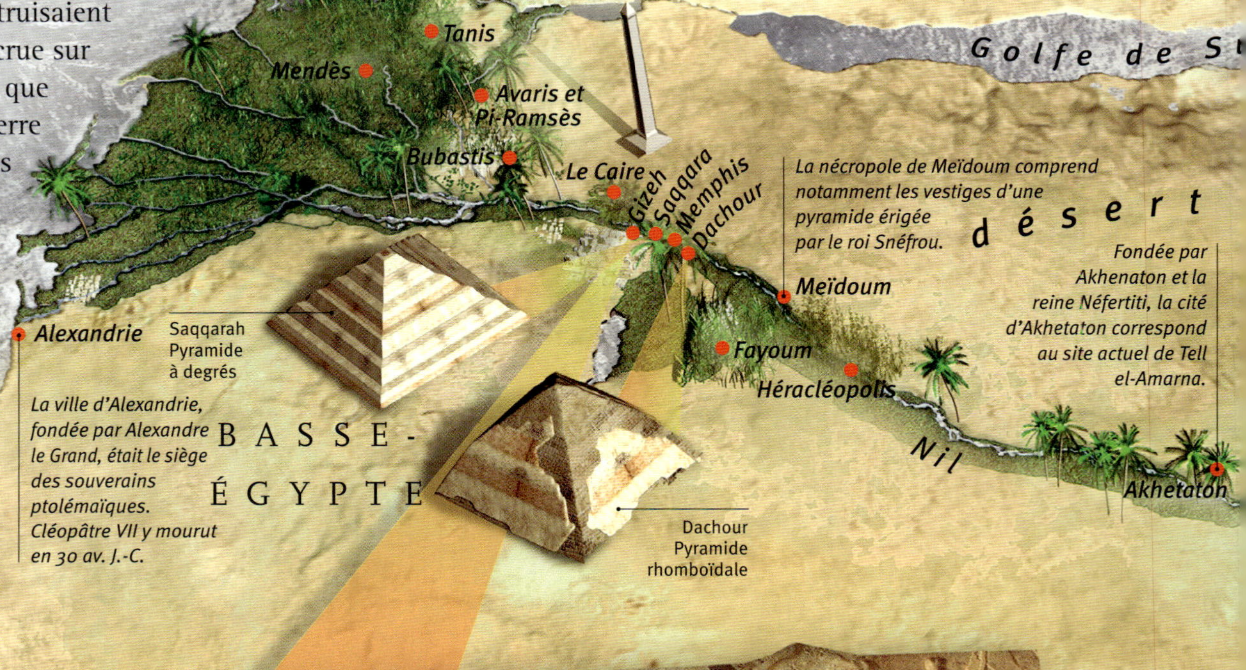

La nécropole de Meïdoum comprend notamment les vestiges d'une pyramide érigée par le roi Snéfrou.

Fondée par Akhenaton et la reine Néfertiti, la cité d'Akhetaton correspond au site actuel de Tell el-Amarna.

La ville d'Alexandrie, fondée par Alexandre le Grand, était le siège des souverains ptolémaïques. Cléopâtre VII y mourut en 30 av. J.-C.

Une ville sous l'eau

Aujourd'hui, l'essentiel de l'ancienne ville d'Alexandrie se trouve enfoui au fond de la mer Méditerranée. Des archéologues spécialistes des fonds marins y réalisent d'importantes fouilles.

Pyramides et tombes à Gizeh

C'est sur ce site désertique que les souverains de la IVe dynastie firent ériger leurs pyramides : Mykérinos (à gauche), Khephren (au centre) et Kheops (à droite). De nombreux nobles firent construire des tombes autour de ces trois pyramides.

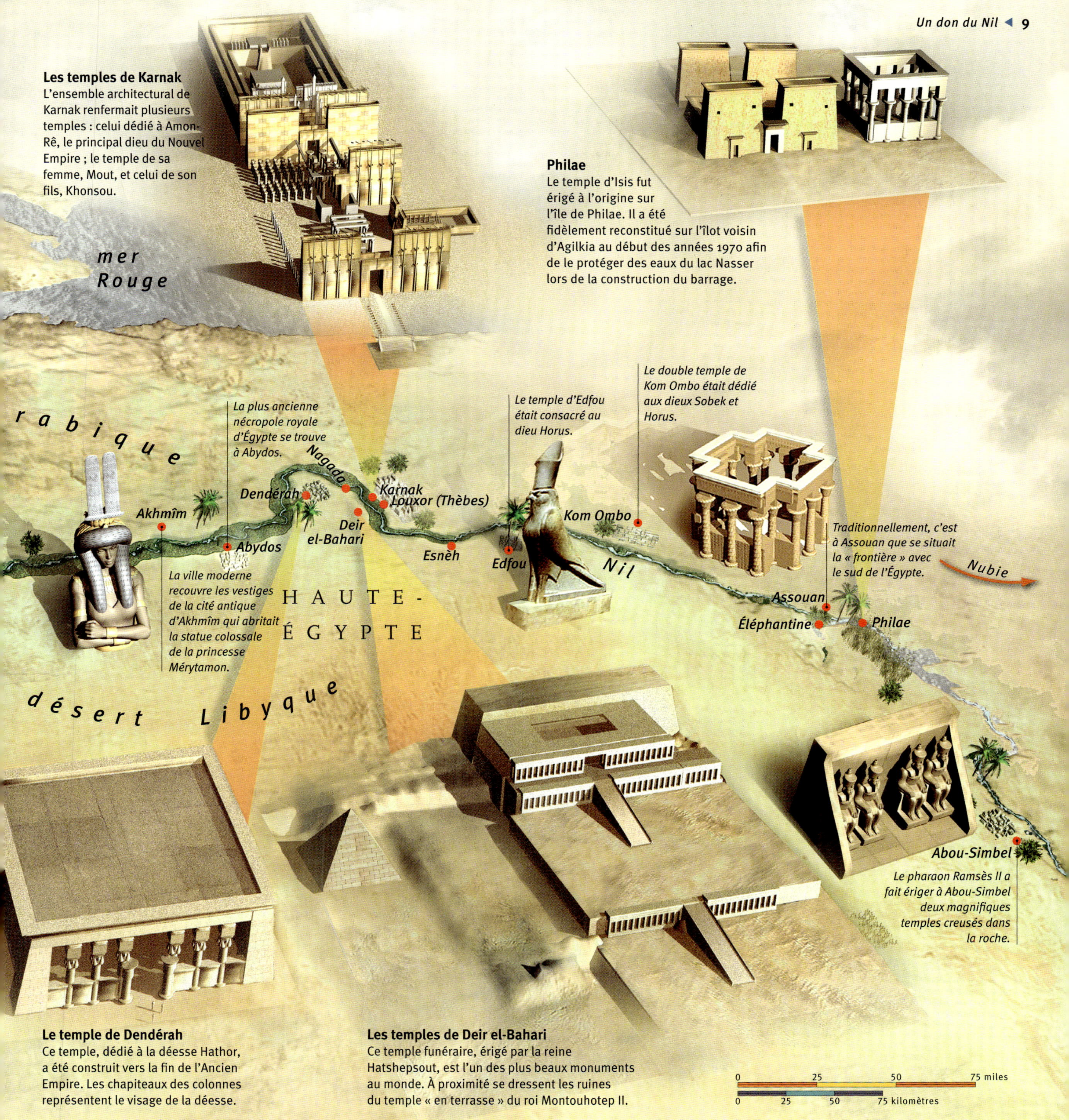

Les temples de Karnak
L'ensemble architectural de Karnak renfermait plusieurs temples : celui dédié à Amon-Rê, le principal dieu du Nouvel Empire ; le temple de sa femme, Mout, et celui de son fils, Khonsou.

Philae
Le temple d'Isis fut érigé à l'origine sur l'île de Philae. Il a été fidèlement reconstitué sur l'îlot voisin d'Agilkia au début des années 1970 afin de le protéger des eaux du lac Nasser lors de la construction du barrage.

La plus ancienne nécropole royale d'Égypte se trouve à Abydos.

Le temple d'Edfou était consacré au dieu Horus.

Le double temple de Kom Ombo était dédié aux dieux Sobek et Horus.

La ville moderne recouvre les vestiges de la cité antique d'Akhmîm qui abritait la statue colossale de la princesse Mérytamon.

Traditionnellement, c'est à Assouan que se situait la « frontière » avec le sud de l'Égypte.

Le pharaon Ramsès II a fait ériger à Abou-Simbel deux magnifiques temples creusés dans la roche.

Le temple de Dendérah
Ce temple, dédié à la déesse Hathor, a été construit vers la fin de l'Ancien Empire. Les chapiteaux des colonnes représentent le visage de la déesse.

Les temples de Deir el-Bahari
Ce temple funéraire, érigé par la reine Hatshepsout, est l'un des plus beaux monuments au monde. À proximité se dressent les ruines du temple « en terrasse » du roi Montouhotep II.

Chronologie

La longue histoire de l'Égypte
La période dynastique s'est étendue sur plus de 3 000 ans, de l'unification du pays jusqu'à la mort de Cléopâtre VII.

AVANT L'UNIFICATION DE L'ÉGYPTE

La population vivait alors dans des cités-États indépendantes qui commerçaient les unes avec les autres en utilisant le Nil comme voie de communication.

Figurine en quartz représentant le dieu Horus

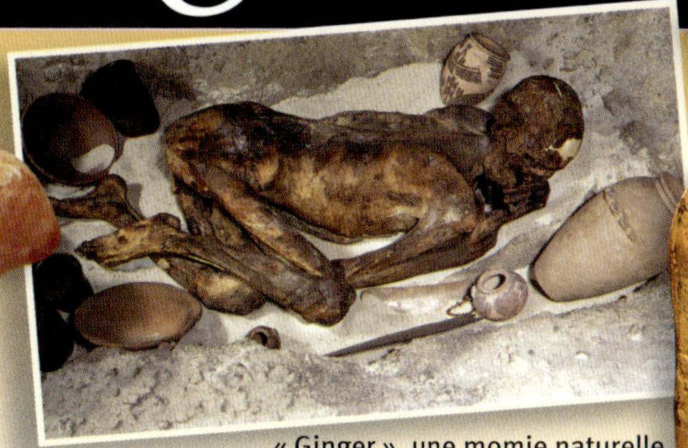
« Ginger », une momie naturelle

Figurine en ivoire

Œuf d'autruche orné d'un motif représentant du bétail

Avant 3000 AV. J.-C. PÉRIODE PRÉHISTORIQUE ET PRÉDYNASTIQUE — DES MILLIERS D'ANNÉES

Ire ET IIe DYNASTIES L'UNIFICATION

En rassemblant les cités-États, le roi Narmer unifia l'Égypte. Le siège du pouvoir se trouvait dans la cité de Memphis, au nord. C'est à cette époque que l'écriture hiéroglyphique se développa et que l'on érigea les premières tombes mastabas.

La palette de Narmer (recto et verso)

La double couronne, de la Haute- et de la Basse-Égypte

Premiers hiéroglyphes sur étiquette de jarre en ivoire

Le nom du roi Aha

3000–2649 AV. J.-C. PÉRIODE DYNASTIQUE ARCHAÏQUE — 351 ANS

IIIe – VIe DYNASTIE L'ÂGE DES PYRAMIDES

Les pharaons, qui vénéraient Rê, le dieu -soleil, firent construire des pyramides dans le désert situé au nord du pays. Pendant ce temps, les embaumeurs expérimentaient différentes façons de conserver les corps des défunts.

La pyramide de Djoser à Saqqarah

La pyramide de Snéfrou à Meïdoum

La pyramide de Kheops à Gizeh

Mykérinos et sa reine

Bateau en bois de l'Ancien Empire

Nofret, épouse du prince Rahotep

2649–2150 AV. J.-C. ANCIEN EMPIRE — 499 ANS

2150–2040 AV. J.-C. PREMIÈRE PÉRIODE INTERMÉDIAIRE VIIe – XIe DYNASTIE

XIe – XIVe DYNASTIES LA STABILITÉ POLITIQUE

Les arts, et notamment la sculpture et la littérature, fleurirent en cette période de paix et de prospérité. Le siège du pouvoir égyptien se trouvait à Iti-Taoui, ancienne

Bijou appartenant à la princesse Mereret

Sphinx à l'effigie du roi Amenemhat III

2040–1640 av. J.-C. MOYEN EMPIRE 400 ANS

du Moyen Empire

1640–1550 av. J.-C. DEUXIÈME PÉRIODE INTERMÉDIAIRE XVe – XVIIe DYNASTIE

XVIIIe – XXe DYNASTIE L'ÉPOQUE IMPÉRIALE

Grâce à l'extension de son empire, à l'est et au sud, l'Égypte s'est beaucoup enrichie. Thèbes était devenue la capitale, et on enterrait les rois dans des tombes creusées à même la roche au cœur de la Vallée des Rois.

La femme pharaon Hatshepsout

Akhenaton et Néfertiti adorant le dieu Aton

Le masque funéraire de Toutankhamon

Le temple d'Abou-Simbel érigé par Ramsès II

1550–1070 av. J.-C. NOUVEL EMPIRE 480 ANS

1070–712 av. J.-C. TROISIÈME PÉRIODE INTERMÉDIAIRE XXIe – XXIVe DYNASTIES

XXVe – XXXIe DYNASTIES LES DERNIERS SOUVERAINS ÉGYPTIENS

Dans cette période, l'Égypte fut dirigée tantôt par des rois, venus de Nubie et de Perse, tantôt par des rois locaux. En 332 av. J.-C., Alexandre le Grand la conquit.

Sphinx dont la tête représente le roi Amasis

Nectanebo et la déesse Neith

Darius le Grand, roi étranger venu du royaume de Perse

Alexandre le Grand, roi étranger venu de Macédoine

712–332 av. J.-C. PÉRIODE TARDIVE 380 ANS

FIN DE L'INDÉPENDANCE

L'Égypte fut alors dirigée par une dynastie de rois et de reines macédoniens ou grecs qui vivaient à Alexandrie. La mort de Cléopâtre VII en 30 av. J.-C. marqua la fin de l'époque dynastique.

Ptolémée Ier

Le temple d'Edfou

La pierre de Rosette

Cléopâtre VII

332–30 av. J.-C. PÉRIODE PTOLÉMAÏQUE 302 ANS

DE LA FIN DE L'EMPIRE JUSQU'À NOS JOURS

L'Égypte, appartenant à l'Empire romain, devint un pays chrétien. En 640 apr. J.-C., le pays, conquis par les Arabes, devint alors musulman. Aujourd'hui, l'Égypte est fière de son héritage archéologique.

Le dieu Sérapis

L'intérieur du Musée égyptien du Caire

Le Caire, actuelle capitale de l'Égypte.

Le Coran

La statue de Ptolémée devant la bibliothèque d'Alexandrie

30 av. J.-C.–aujourd'hui DE L'EMPIRE ROMAIN JUSQU'À NOS JOURS PLUS DE 2 000 ANS

Du sommet jusqu'au bas de la pyramide

Pharaon était au sommet de la pyramide sociale. Au-dessous de lui se trouvaient, par ordre d'importance et de richesse, la reine et sa mère ; les enfants royaux ; les classes supérieures ; les paysans ; et, enfin, les prisonniers de guerre et les criminels. L'esclavage existait, mais il était rare.

La société du Moyen Empire
La composition de la population et la structure sociale ont varié au fil du temps dans l'Égypte ancienne. Comme il n'existe aucun document de recensement, les égyptologues se fondent, pour leurs estimations, sur le nombre de tombes et de tombeaux.

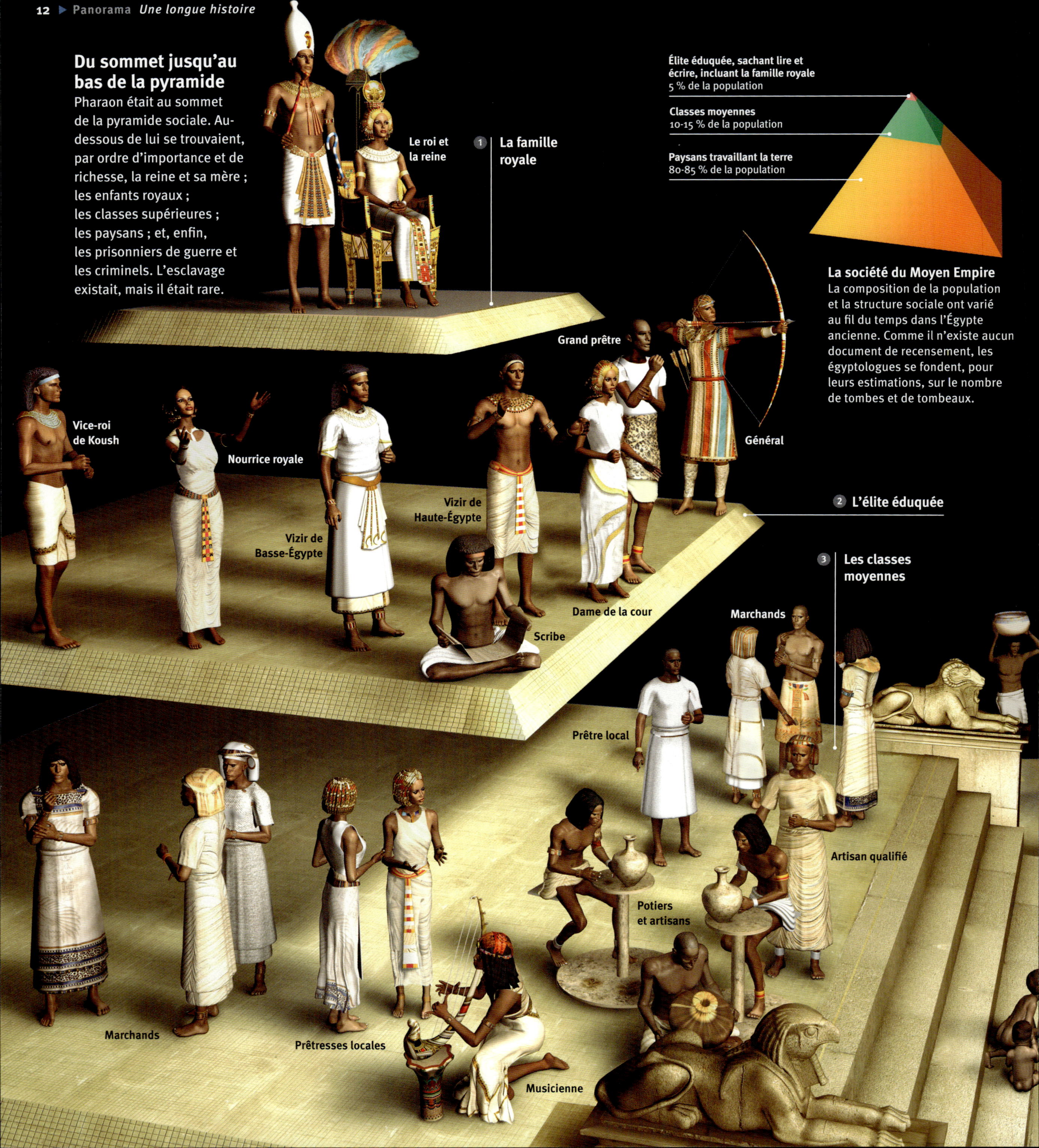

La pyramide sociale des Égyptiens

L'Égypte ancienne avait une structure sociale très hiérarchisée. Les garçons étaient élevés pour faire le même travail que leurs pères et leurs grands-pères, tandis que les filles devaient devenir de bonnes épouses et mères. Les femmes pouvaient travailler hors de leur foyer, mais leurs tâches domestiques étaient toujours prioritaires. Les mariages se faisaient entre personnes issues d'une même classe sociale, et seuls ceux qui avaient la chance d'être éduqués pouvaient espérer s'élever dans l'échelle sociale. L'Égypte était gouvernée par le roi - ou pharaon -, seul être humain capable de communiquer avec les dieux. Le pharaon dirigeait l'armée, les fonctionnaires et les prêtres. Il était assisté dans ses tâches par les classes supérieures éduquées et citadines, qui se faisaient construire des tombes magnifiques. La grande majorité de la population était constituée de paysans qui travaillaient la terre, propriété de l'État et des temples, et qu'on enterrait dans des tombes toutes simples dans le désert.

La fabrication de briques en terre crue
Cette scène provenant de la tombe du vizir Rekhmirê montre la fabrication de briques en terre crue. Les ouvriers puisaient tout d'abord de l'eau dans un bassin (à gauche), qu'ils mélangeaient ensuite à la terre. Puis ils utilisaient des moules en bois pour mouler les briques (à droite), qu'ils faisaient sécher au soleil.

Le recensement du bétail
Cette miniature en bois peint, provenant de la tombe de Meketrê, représente des bergers qui mènent leurs troupeaux afin qu'ils soient recensés et inspectés par des scribes et d'autres fonctionnaires.

La mise au jour de trésors archéologiques

La période dynastique s'est achevée en 30 av. J.-C., lorsque l'Égypte fut annexée à l'Empire romain. En 391 apr. J.-C., le pays fut converti au christianisme. Les anciens temples furent fermés, on abandonna l'embaumement et l'écriture hiéroglyphique ne fut plus utilisée. En 640 apr. J.-C., la conquête arabe isola l'Égypte du monde occidental. Pendant plus de mille ans, le patrimoine égyptien tomba dans l'oubli. Puis, en 1798, Bonaparte conquit l'Égypte. À cette expédition prirent part d'éminents savants, impatients d'étudier les vestiges égyptiens. Des archéologues tels que Giovanni Battista Belzoni découvrirent d'anciens monuments, tandis que le linguiste Jean-François Champollion utilisa l'inscription gravée sur la pierre de Rosette – qui venait d'être découverte – pour déchiffrer les hiéroglyphes.

Le déchiffrement des hiéroglyphes : la pierre de Rosette
C'est grâce à cette pierre que Champollion a découvrert la clé de lecture des hiéroglyphes. Sur cette stèle est gravé un décret rédigé sous le règne de Ptolémée V (en 196 av. J.-C.). Ce décret est écrit en trois écritures : hiéroglyphique (en haut), démotique (au milieu) et grecque (en bas). Champollion a utilisé l'écriture grecque pour décoder les deux écritures égyptiennes perdues.

L'ÉGYPTOLOGIE DE NOS JOURS

Les égyptologues poursuivent leurs recherches afin de mieux comprendre la culture des anciens Égyptiens. Ils utilisent de nombreuses techniques : fouilles terrestres et sous-marines, investigations scientifiques et travaux linguistiques, dans le souci de préserver le patrimoine culturel égyptien.

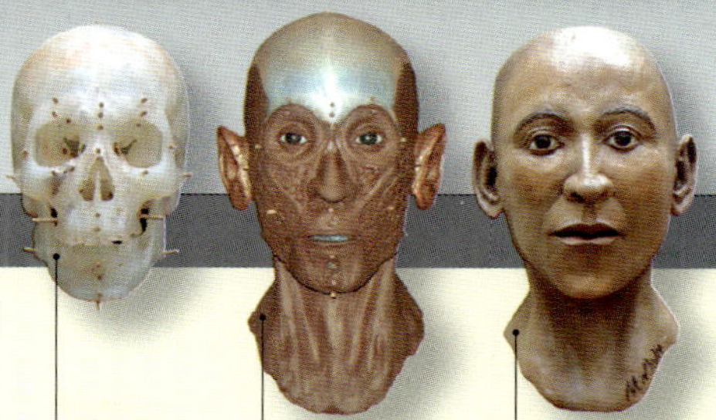

Phase 1 On recrée d'abord le crâne.

Phase 2 Ensuite, on procède au moulage facial.

Phase 3 Le visage du prêtre Nesperennub est reconstitué.

Recréer l'Égypte ancienne

Les fouilles ne sont que la première étape du travail des égyptologues. La momie découverte par Zahi Hawass (à gauche) va être transportée dans un laboratoire pour y être soigneusement analysée. L'étude permettra de déterminer l'âge, le sexe et l'état de santé du défunt. La tête de la momie sera reconstituée grâce au moulage facial et à la technologie numérique (voir ci-dessus).

Chronologie des découvertes archéologiques

1798	Napoléon Ier commande l'expédition d'Égypte.
1799	La pierre de Rosette est découverte.
1816	Belzoni rapporte des pièces pour le British Museum.
1822	Champollion déchiffre les hiéroglyphes.
1858	Le Service national des antiquités est créé en Égypte.
1880	Début des fouilles de la grande pyramide.
1922	Howard Carter découvre la tombe de Toutankhamon.
1939	Pierre Montet met au jour les tombes royales de Tanis.
1992	Fouilles sous-marines dans le port d'Alexandrie.
1990 (années)	L'analyse d'ADN des momies est possible.

Fouilles menées par des étrangers, 1816

En 1816, Giovanni Battista Belzoni fit enlever le buste colossal du « jeune Memnon » (cette immense statue endommagée représentait Ramsès II). Il commanda aux nombreux ouvriers de l'acheminer du Ramesseum (à Louxor) jusqu'aux rives du Nil. La statue est aujourd'hui exposée au British Museum à Londres. De nos jours, les archéologues n'ont plus le droit de faire sortir leurs découvertes hors d'Égypte.

Les dieux égyptiens

Les anciens Égyptiens avaient un large panthéon de dieux et de déesses. Les comportements de ces divinités ressemblaient beaucoup à ceux des mortels. Ils tombaient amoureux, se mariaient, avaient des enfants et se disputaient. Certains dieux avaient des responsabilités particulières. Ainsi, Thot était le scribe des dieux, tandis qu'Hathor était la déesse de la Maternité, de la Musique et de l'Ivresse. À l'époque, on vénérait les statues de ces dieux dans les temples qui leur étaient consacrés. Mais seuls le pharaon et les prêtres pouvaient communiquer avec eux. Le peuple n'était pas admis à l'intérieur des temples et devait vénérer des divinités locales de moindre importance.

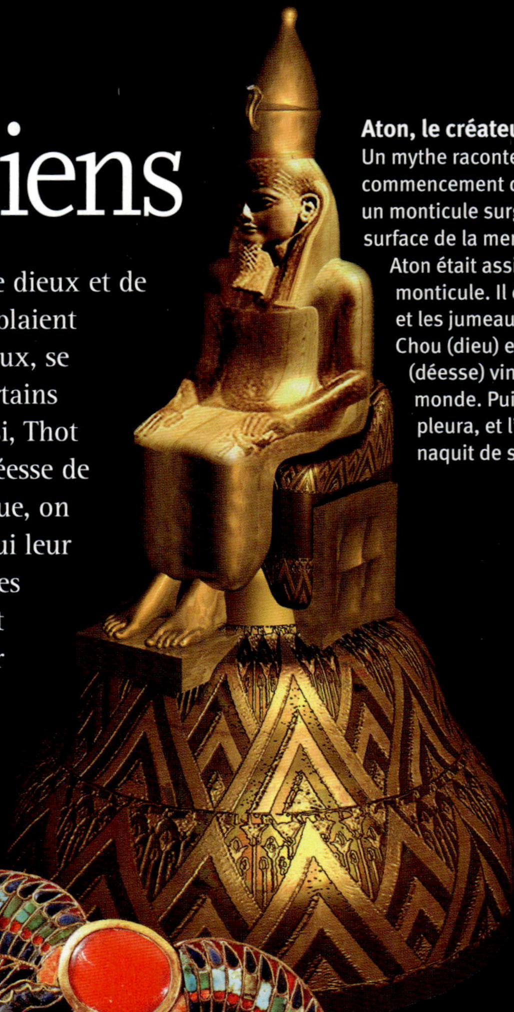

Aton, le créateur
Un mythe raconte qu'au commencement du monde un monticule surgit de la surface de la mer. Le dieu Aton était assis sur ce monticule. Il éternua, et les jumeaux divins Chou (dieu) et Tefnout (déesse) vinrent au monde. Puis, Aton pleura, et l'humanité naquit de ses larmes.

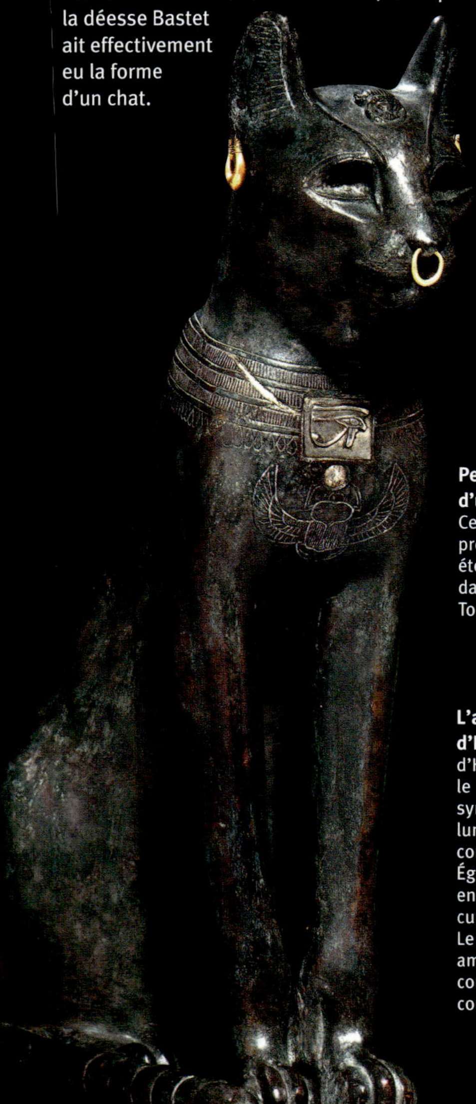

Bastet, la déesse-chat
Beaucoup de gens croient que les Égyptiens adoraient tous les chats. C'est faux, bien que la déesse Bastet ait effectivement eu la forme d'un chat.

Pectoral orné d'un scarabée
Cette amulette protectrice a été découverte dans la tombe de Toutankhamon.

Amulettes et talismans
On portait des amulettes et des talismans pour se protéger de tous les dangers. Ils pouvaient être en métal, en pierre, en verre ou en faïence, et représentaient souvent un dieu ou une déesse.

L'amulette œil d'Horus L'œil d'Horus, connu sous le nom de *wedjat*, symbolisait la lumière et la connaissance. Les Égyptiens croyaient en son pouvoir curatif et protecteur. Le bleu-vert de cette amulette était considéré comme la couleur de la vie.

Rê
Le principal dieu de l'Égypte sous l'Ancien Empire ; il était le dieu-soleil.

Isis
Femme d'Osiris et mère d'Horus ; guérisseuse et magicienne.

Osiris
Dieu des Morts, régnant également sur la vie dans l'au-delà.

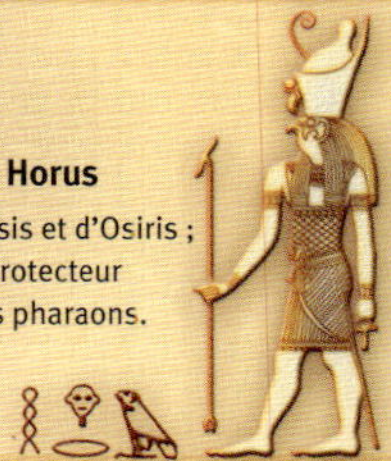

Horus
Fils d'Isis et d'Osiris ; protecteur des pharaons.

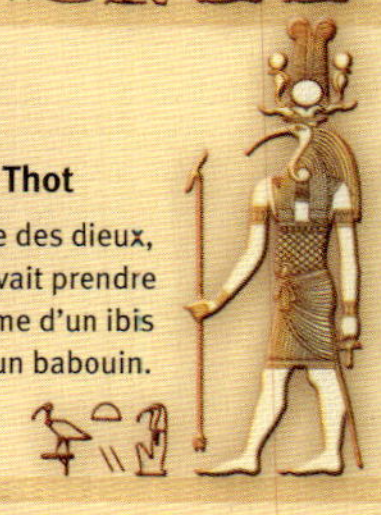

Thot
Scribe des dieux, il pouvait prendre la forme d'un ibis ou d'un babouin.

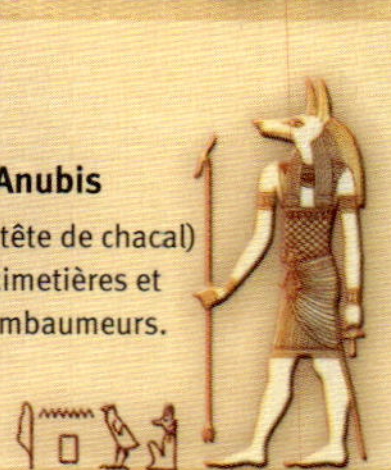

Anubis
Dieu (à tête de chacal) des cimetières et des embaumeurs.

Seth
Dieu maléfique ; frère d'Isis et d'Osiris.

Amon
Principal dieu officiel dans l'Égypte du Nouvel Empire.

La déesse Hathor

Cette scène provenant du tombeau du roi Séti Ier représente le pharaon défunt et la déesse Hathor. Celle-ci pouvait prendre la forme d'une vache ou d'une femme à tête de vache, mais, ici, elle apparaît sous les traits d'une belle jeune femme. Hathor présente son collier au roi et lui tient la main pour le conduire vers l'au-delà.

Le pouvoir divin des pharaons

Pendant plus de 3 000 ans, des pharaons ont régné sur l'Égypte. Pharaon possédait la totalité des terres et tout ce qu'il y avait dessus. Horus était le dieu qui régnait sur la vie en Égypte ; les pharaons vivants étaient donc chacun l'incarnation du dieu Horus. Les rois morts, eux, étaient considérés comme une incarnation d'Osiris, le dieu des Morts. Quand un pharaon, un Horus donc, mourait, il devenait un Osiris, et son fils et successeur devenait à son tour un Horus. Le pharaon avait plusieurs épouses ; la plus importante, la reine consort, était souvent une de ses sœurs ; elle jouait un rôle déterminant dans la vie politique et religieuse. Elle était représentée sur les peintures aux côtés du roi.

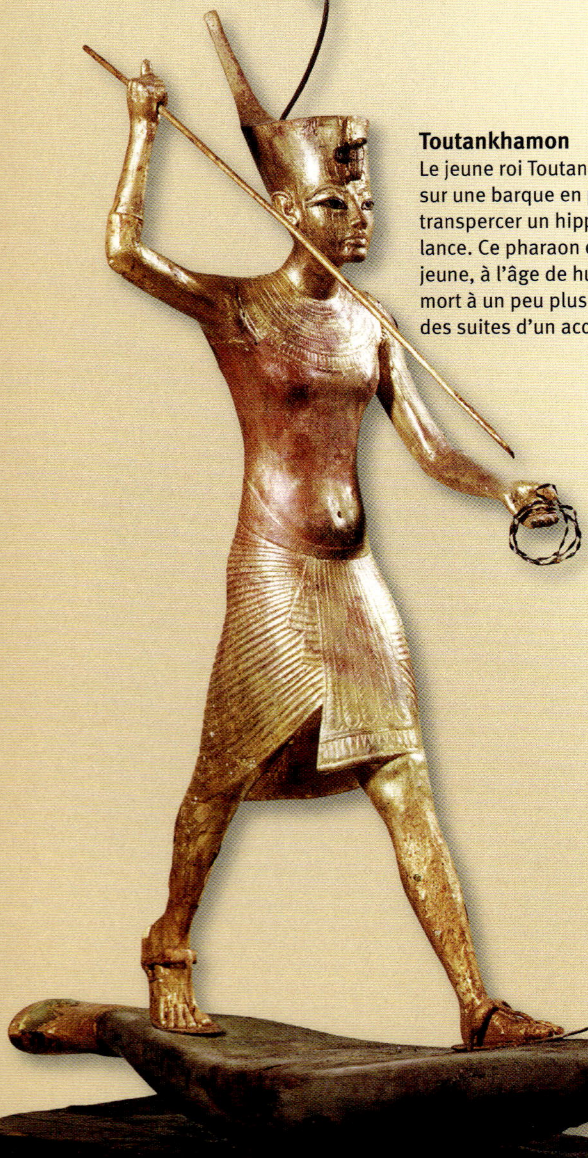

Toutankhamon
Le jeune roi Toutankhamon se tient ici debout sur une barque en papyrus et s'apprête à transpercer un hippopotame d'un coup de lance. Ce pharaon est monté sur le trône très jeune, à l'âge de huit ans peut-être, et il est mort à un peu plus de vingt ans, probablement des suites d'un accident de char ou de bateau.

LES ATTRIBUTS DU POUVOIR

Les pharaons portaient différentes couronnes en fonction des cérémonies auxquelles ils assistaient. Bien qu'aucune couronne égyptienne n'ait pu être conservée, les archéologues pensent qu'elles étaient en cuir.

Couronne rouge de la Basse-Égypte

Couronne blanche de la Haute-Égypte

Double couronne réunissant Basse-Égypte et Haute-Égypte

Couronne à plumes portée par Osiris

Couronne *Atef*, portée par-dessus une coiffe

Couronne bleue appelée « casque de guerre »

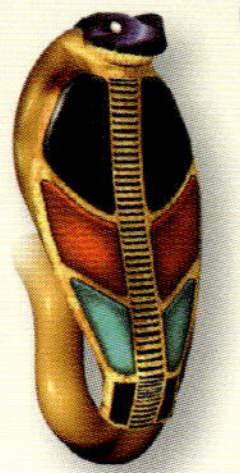

Uræus, cobra royal porté sur les couronnes au-dessus du front

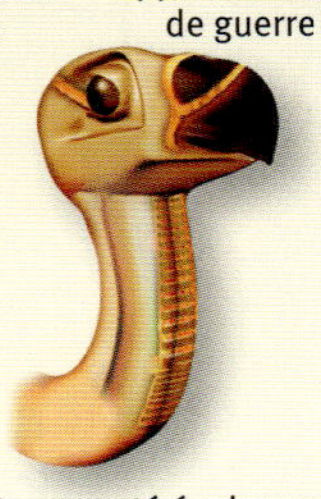

Vautour, porté également sur les couronnes au-dessus du front

Hatshepsout
Seules trois femmes – Sobekneferou, Hatshepsout et Taousret – régnèrent sur l'Égypte avant la période ptolémaïque. La femme pharaon Hatshepsout a régné 22 ans. On a retrouvé ce fragment de statue dans son temple funéraire. Elle y est représentée sous la forme d'Osiris, le dieu des Morts. Elle porte la barbe, symbole royal, et une couronne d'homme.

Le roi et la reine

Les pharaons étaient toujours décrits comme des hommes jeunes et en bonne santé, même s'ils étaient vieux et malades, comme on le constate parfois en étudiant leurs momies. Les reines se tenaient souvent légèrement derrière leurs époux. On les représentait toujours comme de belles jeunes femmes.

La construction des pyramides

Les pharaons de l'Ancien et du Moyen Empire firent bâtir des pyramides, c'est-à-dire de gigantesques tombeaux, dans des nécropoles situées dans le désert nord du pays. D'abord en pierre, les pyramides furent par la suite construites en briques de terre crue et recouvertes d'une fine couche de pierre. Certains plans incluaient une chambre funéraire au sein même de la pyramide. D'autres pyramides étaient construites au-dessus d'une chambre funéraire creusée dans le sol. La construction des pyramides nécessita une importante main-d'œuvre. Certains des ouvriers travaillaient à plein temps à la construction des pyramides, mais la plupart étaient des paysans obligés de travailler pour le pharaon pendant environ trois mois.

Une réalisation prodigieuse

Nul ne sait exactement combien de blocs de pierre furent assemblés dans les pyramides d'Égypte, mais on a calculé que la grande pyramide devait être composée de 2,3 millions de blocs, pesant chacun en moyenne 2,5 tonnes. La pierre nécessaire pour l'intérieur de la pyramide provenait de carrières situées à proximité du site. Pour l'extérieur, on utilisait du calcaire de meilleure qualité.

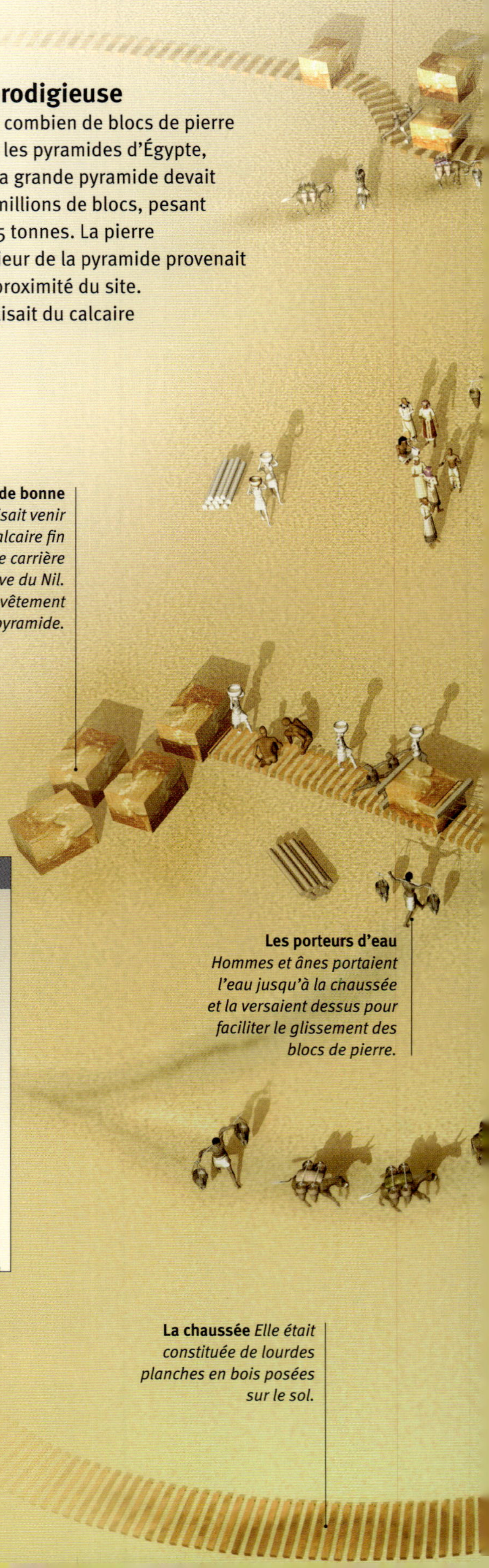

De la pierre de bonne qualité *On faisait venir des blocs de calcaire fin provenant d'une carrière sur l'autre rive du Nil. Ils servaient au revêtement extérieur de la pyramide.*

Les porteurs d'eau *Hommes et ânes portaient l'eau jusqu'à la chaussée et la versaient dessus pour faciliter le glissement des blocs de pierre.*

La chaussée *Elle était constituée de lourdes planches en bois posées sur le sol.*

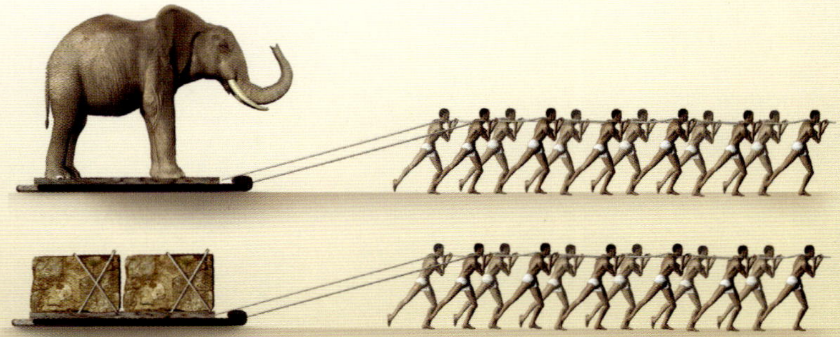

Les pierres des pyramides

Les experts estiment que deux blocs de pierre devaient peser autant qu'un éléphant. Ces blocs, provenant de carrières situées à proximité, étaient tirés avec des cordes sur des traîneaux en bois.

QUELLE EST LA TAILLE DES PYRAMIDES ?

Jusqu'au XIXe siècle, la grande pyramide de Kheops fut le plus grand bâtiment du monde. Correspondant à un immeuble de 48 étages, elle mesure 146 m de haut. Elle a été dépassée par des gratte-ciel tels que Taipei 101 à Taiwan, d'une hauteur de 508 m. Mais cette grande pyramide demeure la construction la plus massive jamais créée : on pourrait construire 30 Empire State Buildings avec les blocs de calcaire qui la constituent.

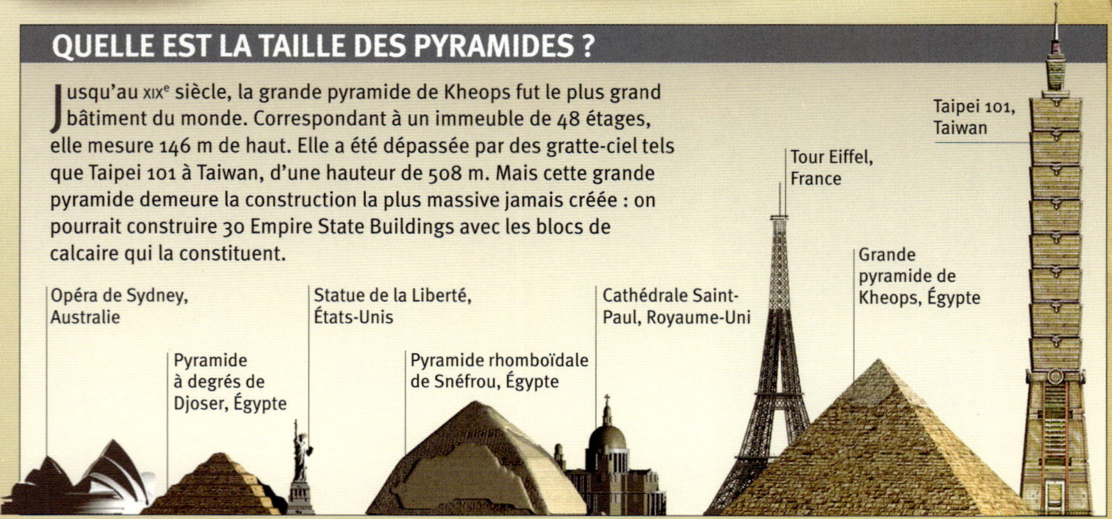

Les rampes

Les bâtisseurs de pyramides utilisaient des rampes en brique crue et en remblai, qu'on démontait une fois la pyramide terminée. Il existait plusieurs formes de rampes.

La rampe droite

La rampe en zigzag sur une face

La rampe droite avec une partie enveloppante en zigzag

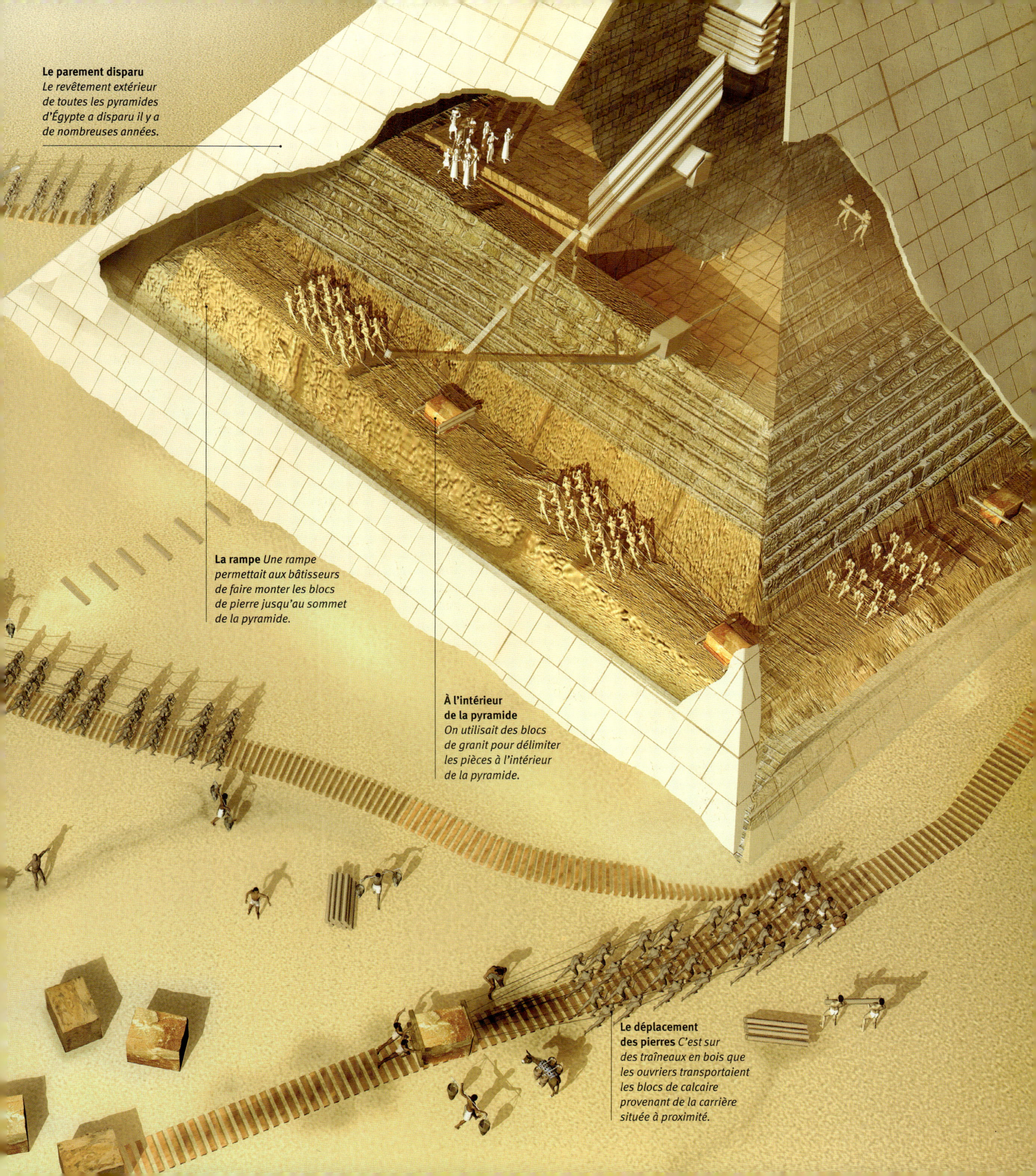
Le parement disparu *Le revêtement extérieur de toutes les pyramides d'Égypte a disparu il y a de nombreuses années.*
La rampe *Une rampe permettait aux bâtisseurs de faire monter les blocs de pierre jusqu'au sommet de la pyramide.*
À l'intérieur de la pyramide *On utilisait des blocs de granit pour délimiter les pièces à l'intérieur de la pyramide.*
Le déplacement des pierres *C'est sur des traîneaux en bois que les ouvriers transportaient les blocs de calcaire provenant de la carrière située à proximité.*

La fabrication d'une momie

Une momie est un cadavre qui a été conservé. Les premières momies égyptiennes se sont constituées naturellement : les corps enterrés dans les sables du désert brûlant se desséchaient. Sans humidité, la bactérie qui provoque la décomposition ne pouvait pas survivre, donc les corps ne pourrissaient pas. S'inspirant de ces momies naturelles, les Égyptiens croyaient que l'âme pouvait vivre éternellement à condition que le corps soit conservé. Pendant presque 3 000 ans, les riches Égyptiens ont momifié leurs morts.

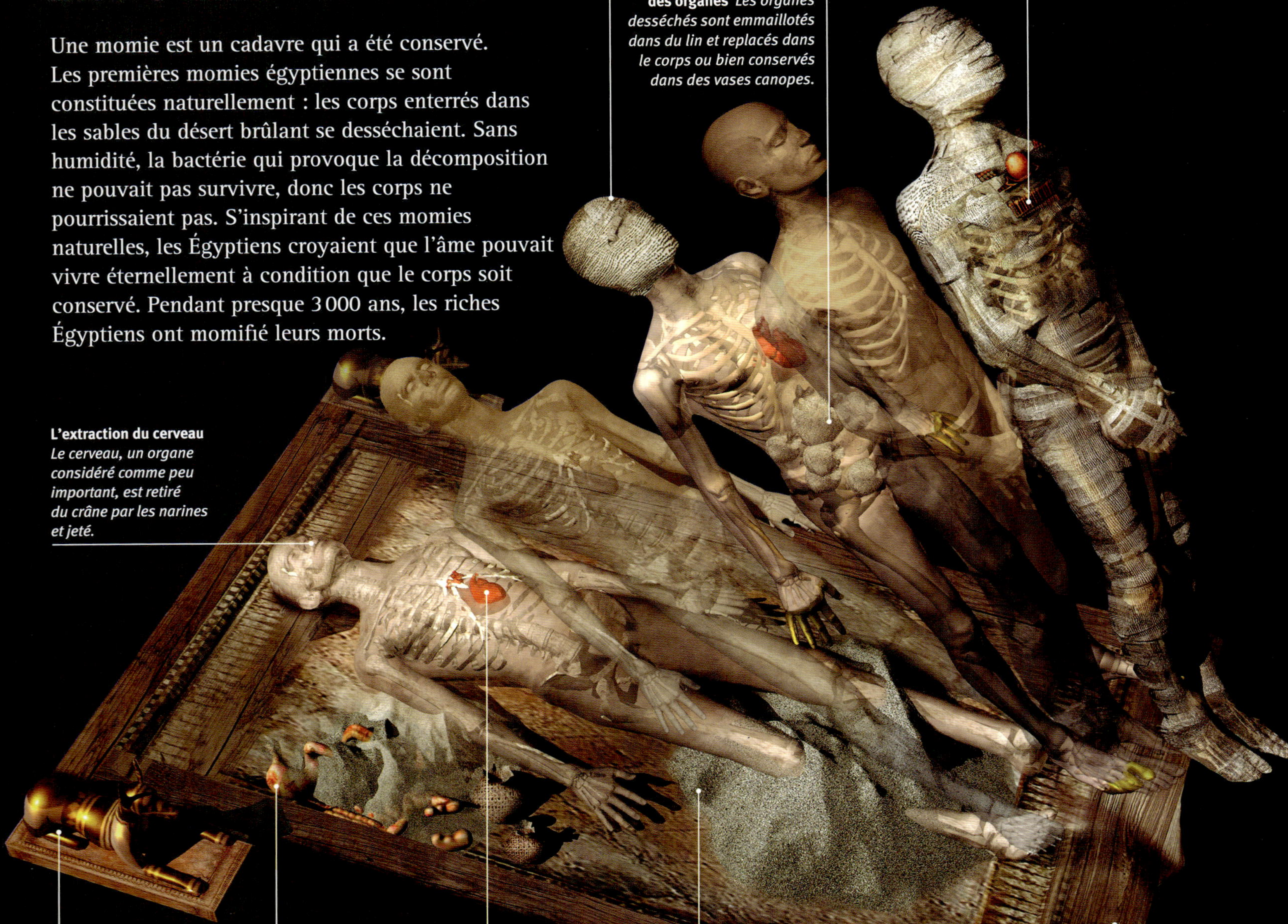

Un linceul de lin
Le corps emmailloté est enveloppé dans une pièce de lin. Le dieu Anubis guidera l'âme du défunt vers le royaume des morts.

L'ultime étape de l'emmaillotement
Pour finir, on enveloppe le corps dans une dernière couche de lin. On ajoute parfois un masque en or avant de placer la momie dans son cercueil.

Le cercueil protecteur
Le cercueil, de forme humaine, protège le corps et renferme l'esprit. Le couvercle est orné du portrait du défunt.

DANS LA TOMBE

La momie, dans son cercueil, est enterrée avec tout ce dont le défunt pourrait avoir besoin dans l'au-delà. Les tombes sont pleines de nourriture, boissons, vêtements, meubles, chars, parfums, bijoux, sans oublier les ouchebtis, des figurines représentant des serviteurs qui devront travailler pour le défunt. Malheureusement, ces trésors attiraient les pilleurs de tombes, et beaucoup d'entre elles furent pillées peu après les funérailles.

Bateau miniature

Vases canopes

Les momies d'animaux
On momifiait régulièrement des animaux sacrés, que l'on enterrait dans des cimentières pour animaux près des temples. Généralement, il ne s'agissait pas d'animaux de compagnie, mais d'offrandes aux dieux. Cependant, on a retrouvé dans la tombe d'une princesse royale son babouin de compagnie, momifié lui aussi.

Momies d'un crocodile et d'un chat

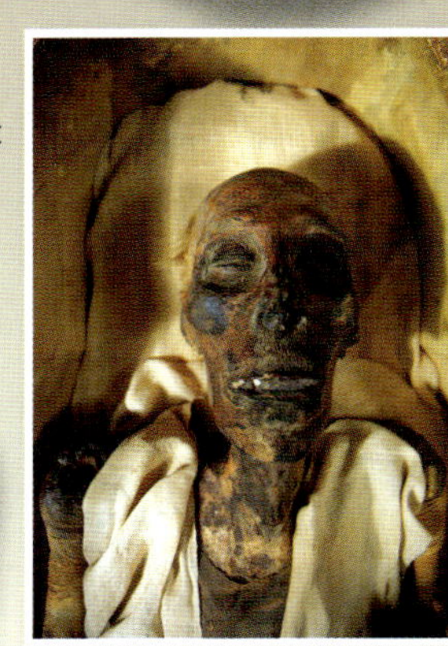

Ramsès II démailloté
La momie démaillotée de Ramsès II nous a permis de découvrir qu'il était grand, qu'il avait un nez proéminent et les cheveux roux.

Voyage vers l'au-delà

Au cours de l'époque dynastique, les Égyptiens ont modifié peu à peu leur conception de l'au-delà. Au début, seul le pharaon avait une âme assez puissante pour pouvoir quitter la tombe et vivre avec les dieux. Les autres humains continuaient à exister en tant que fantômes à l'intérieur de leurs tombes. Pendant le Moyen Empire, la conception de l'au-delà s'est démocratisée. Toutes les âmes pouvaient quitter leurs tombes pour aller vivre avec Osiris dans le Champ des roseaux (l'au-delà), à condition d'effectuer les rituels appropriés. Pendant les funérailles, on engageait des pleureuses. Un prêtre pratiquait la cérémonie de « l'ouverture de la bouche » : devant l'entrée de la tombe, il touchait le visage de la momie avec des instruments sacrés. Ce rituel devait permettre à l'âme du défunt de retourner à la vie. Puis l'âme voyageait vers l'ouest, où elle devait traverser un labyrinthe et répondre aux questions posées par des démons gardiens du royaume des morts. Enfin, ultime étape, le défunt était jugé par Osiris.

Des serviteurs pour l'au-delà
Craignant d'être contraints à travailler dans le Champ des roseaux, les riches Égyptiens se faisaient enterrer avec des figurines en bois peint représentant des serviteurs, les *ouchebtis*. Ils avaient l'aspect de momies miniatures ; certains portaient des paniers ou des outils agricoles. Une formule magique, inscrite sur chacun d'entre eux, devait les ramener à la vie.

Le voyage d'Hunefer *Anubis, le dieu à tête de chacal, conduit le défunt Hunefer vers la salle du jugement. Dans sa main gauche, Anubis tient l'ankh, symbole de la vie.*

La pesée du cœur *On compare le poids du cœur d'Hunefer à celui de la plume de Maât, la déesse de la Vérité.*

Anubis *Anubis ajuste le peson de la balance pour s'assurer de sa justesse.*

Le *Livre des morts*

Le *Livre des morts* était une sorte de guide, contenant des prières, rédigé soit sur les murs d'un tombeau soit sur un rouleau de papyrus. Il expliquait au défunt comment se comporter dans l'au-delà, avec des illustrations des différentes étapes du voyage menant jusqu'au Champ des roseaux. La version du *Livre des morts* ci-dessus a été représentée pour un homme nommé Hunefer.

Osiris *Osiris, le dieu des Morts, préside, depuis son trône, au jugement d'Hunefer.*

La cérémonie de « l'ouverture de la bouche » *Horus procède à cette cérémonie importante, qui permettra à l'âme du défunt de retourner à la vie.*

Anubis le chacal *Dieu de la Momification, Anubis peut apparaître soit sous la forme d'un chacal (comme sur le couvercle du coffre), soit sous la forme d'un homme à tête de chacal (comme sur la face avant du coffre).*

Le sarcophage *Dans ce grand sarcophage en bois — ou cercueil extérieur —, on dépose la momie elle-même à l'intérieur d'autres cercueils, à forme humaine, emboîtés les uns dans les autres.*

Ammit *Ammit, « la dévorante », attend près de la balance. Ce monstre dévorera Hunefer si son cœur pèse plus lourd que la plume.*

Thot *Thot, le dieu-scribe, note, sur son rouleau de papyrus, le résultat de la pesée. Le cœur s'avère léger.*

Horus *Le dieu Horus conduit Hunefer vers le trône d'Osiris. Les quatre figurines miniatures représentent les quatre fils d'Horus.*

Le coffre canope *Ce coffre contient quatre vases canopes dans lesquels sont conservés l'estomac, les intestins, le foie et les poumons du défunt.*

Le travail de la terre

Les trois saisons de l'Égypte ancienne correspondaient à la crue et à la décrue du Nil. Chaque année, de juillet à octobre, le Nil gonflait, sortait de son lit et inondait les champs tout en déposant du limon, qui rendait les terres fertiles. Les Égyptiens appelaient « Akhet » cette saison de la crue. Puis les eaux du fleuve se retiraient et laissaient les champs humides et prêts pour les plantations. La saison suivante, « Peret », qui correspondait à l'hiver (de novembre à février), était la période de germination. « Peret » s'achevait par une récolte abondante. L'été, ou « Chemou » (d'avril à juin), le soleil brûlait la terre et stérilisait le sol. Ce rythme agraire naturel prit fin dans les années 1960 au moment de la construction du haut barrage d'Assouan.

Les paysans égyptiens

L'Égypte ancienne devait sa réussite économique à ses paysans très travailleurs. La grande majorité de la population vivait dans des hameaux et des villages, sur des terres cultivées appartenant à une riche minorité. On stockait les excédents de récoltes dans des entrepôts situés à côté des temples et des palais.

Les semailles *En se retirant, les eaux de la crue laissaient les champs humides, boueux et couverts de poissons, que les paysans ramassaient et mangeaient. Rapidement, avant que le sol ne durcisse, les paysans procédaient aux semailles et au labourage.*

En période de crues *Pendant la saison des crues, les champs étaient inondés. Les paysans sans travail étaient alors occupés par les pharaons à d'autres tâches (comme la construction des pyramides). Très prudemment, les paysans avaient l'habitude de construire leurs maisons de briques en terre crue à l'écart des zones inondées par les eaux du fleuve.*

L'agriculture dans l'au-delà
De nombreux Égyptiens fortunés décoraient leurs tombes de scènes de travaux des champs. Il ne s'agissait pas de scènes relatant leur vie passée, mais de représentations idéalisées de terres fertiles et de récoltes abondantes, dont ils espéraient profiter après leur mort.

Une bonne récolte *Après un hiver passé à chasser les oiseaux des champs, les paysans étaient prêts à récolter ce qu'ils avaient planté : du blé et de l'orge, pour leur consommation, ainsi que du lin, dont ils utilisaient la tige pour fabriquer des tissus. Ils faisaient aussi pousser des fruits et des légumes dans des jardins maraîchers.*

Les bateaux sur le Nil

Le Nil était la principale voie de communication de l'Égypte ancienne. Il reliait les villages et les villes qui s'égrenaient le long de ses rives. Les sites plus éloignés, comme ceux des pyramides, étaient reliés au Nil par un système de canaux. Les Égyptiens n'avaient pas de routes, ils se déplaçaient essentiellement en bateau. Très peu de bateaux ont pu être conservés, mais les illustrations et les maquettes nous renseignent sur les différents types d'embarcations.
Les premiers esquifs égyptiens, en papyrus, sont apparus autour de 4000 av. J.-C. La famille royale se déplaçait dans des bateaux plus grands et plus coûteux, en bois. On utilisait d'immenses barges en bois pour le transport des matériaux de construction lourds et des statues colossales en pierre.

La barque de papyrus
La première embarcation qui apparut sur le Nil était faite en tiges de papyrus attachées par des cordes. Peu coûteuse et facile à fabriquer, elle était utilisée pour traverser le fleuve, ainsi que pour la pêche et la chasse. Sur les peintures, on la représente souvent transportant le dieu-soleil.

Ancien Empire
À cette époque, le bois remplaça le papyrus, et on se mit à construire des bateaux plus grands, assez solides pour transporter plusieurs tonnes de blocs de pierre provenant des carrières de Haute-Égypte jusqu'au site de construction des pyramides.

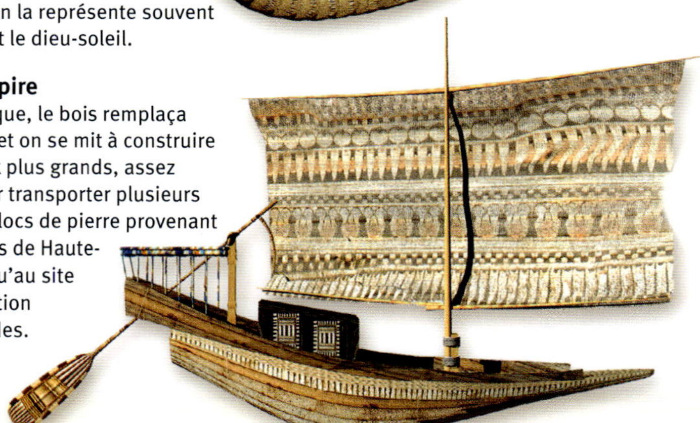

Moyen Empire
Au Moyen Empire, la coque devint moins lourde et plus arrondie. On pouvait lever la voile quand on naviguait vers l'amont, et la baisser quand on ramait vers l'aval.

LA CONSTRUCTION D'UN BATEAU

Si les Égyptiens conçurent leurs bateaux en bois sur le modèle de leurs embarcations en papyrus, ils empruntèrent néanmoins plusieurs techniques de construction à leurs partenaires commerciaux.

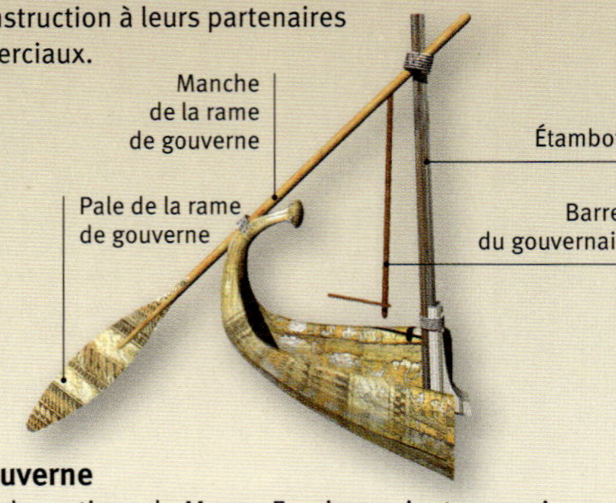

La gouverne
Les embarcations du Moyen Empire avaient une unique rame de gouverne. Un timonier se tenait entre l'étambot et la rame de gouverne ; il maniait la barre vers le côté pour faire pivoter le gouvernail et faire avancer le bateau.

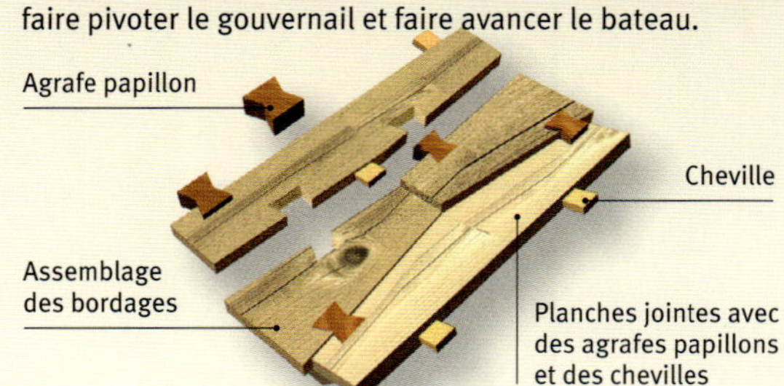

L'assemblage des bordages
On fabriquait la coque des bateaux en bois sans clou. Comme le bois de bonne qualité était rare, beaucoup de bateaux étaient constitués de petits bouts de planches. On assemblait les planches avec des agrafes papillons et des chevilles en bois, ou bien on les attachait avec des cordes.

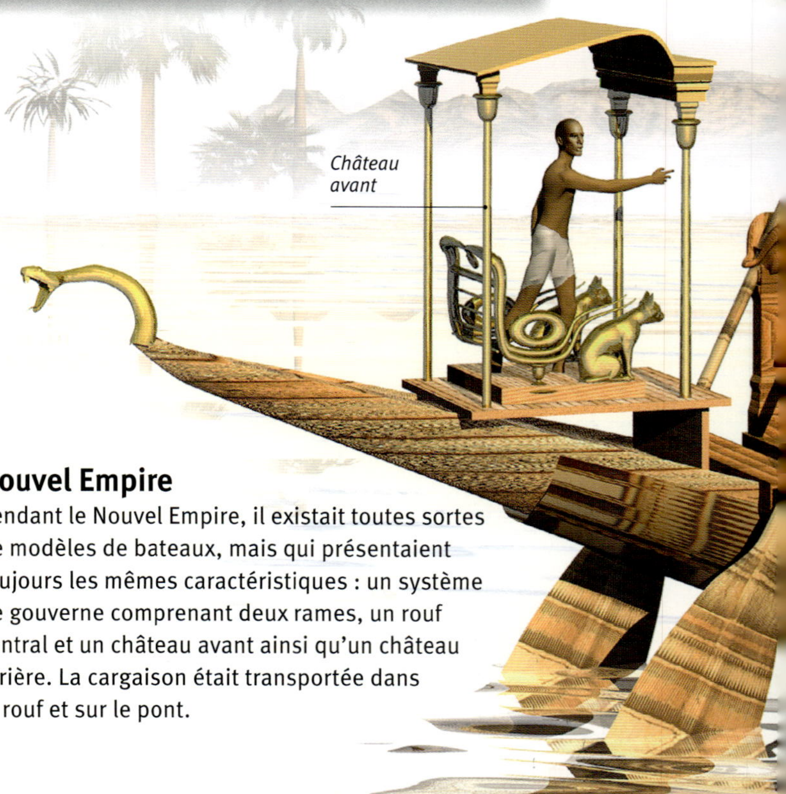

Nouvel Empire
Pendant le Nouvel Empire, il existait toutes sortes de modèles de bateaux, mais qui présentaient toujours les mêmes caractéristiques : un système de gouverne comprenant deux rames, un rouf central et un château avant ainsi qu'un château arrière. La cargaison était transportée dans le rouf et sur le pont.

Rame de gouverne
Mât
Rouf
Voile en toile de lin
Château arrière

Une maison égyptienne

Les tombes et les temples des Égyptiens étaient construits en pierre, mais leurs maisons et leurs palais étaient en briques de terre crue. La brique de terre crue, bon marché et facilement disponible, permettait de bien isoler les maisons du froid en hiver et de la chaleur pendant l'été. Malheureusement, alors que de nombreux temples et tombes ont été conservés, presque toutes les maisons en briques de terre crue ont disparu. Pour reconstituer les maisons égyptiennes, les archéologues doivent donc s'en remettre aux plans et aux illustrations qu'ils ont retrouvés.

DES MAISONS DE PLAIN-PIED OU À ÉTAGES ?

Les dessins suggèrent que les Égyptiens habitaient des maisons à étages, mais les fouilles indiquent qu'ils vivaient dans des maisons de plain-pied. Comment s'explique cette contradiction ? Peut-être par le fait que les artistes, désirant montrer toutes les pièces d'une maison mais ignorant la perspective, représentaient ces pièces les unes au-dessus des autres.

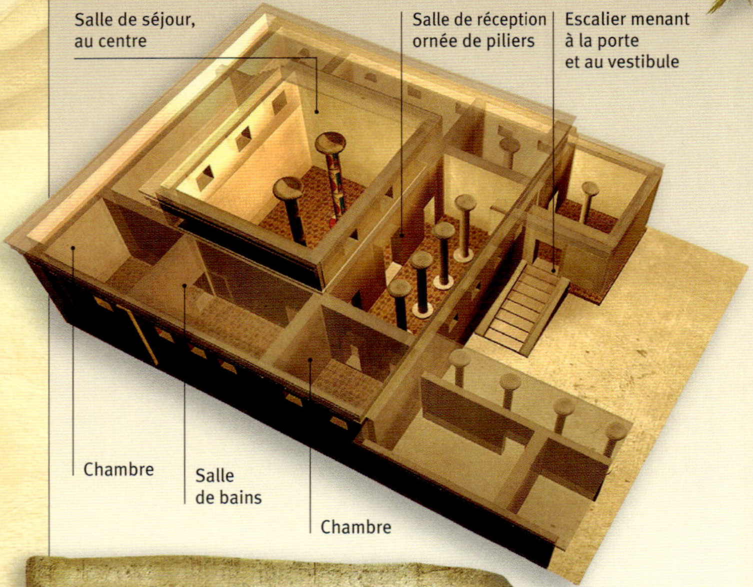

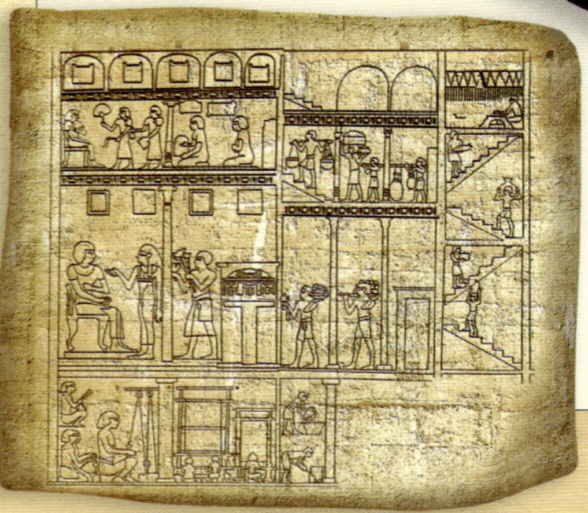

D'après les vestiges archéologiques, cette villa appartenant à un noble était construite de plain-pied (voir ci-dessus), même si, sur ce dessin retrouvé dans une tombe (à gauche), elle est représentée comme une habitation à plusieurs étages.

La villa d'un noble

Cette villa a été reconstituée à partir d'un dessin ornant une tombe. Tandis que les pauvres vivaient dans de petites maisons mitoyennes exiguës, les Égyptiens aisés se faisaient construire de vastes villas comme celle-ci. À l'extérieur s'étendaient des jardins paisibles parsemés de bassins grouillant de poissons.

Les meubles, objets précieux
Les Égyptiens se faisaient enterrer avec leurs meubles. Cette chaise basse, ce siège et cette table ont été retrouvés dans une tombe de Thèbes datant du Nouvel Empire.

Coffres de stockage et silos
On monte au grenier de la nourriture dans des jarres.
Bien que ces arches ressemblent à des ouvertures sur le dessin de la tombe, il s'agit probablement de récipients de stockage.
Les chambres et les salles de bains se trouvaient peut-être à droite de cet escalier. Cet endroit du dessin a été endommagé, mais les découvertes archéologiques suggèrent que les maisons égyptiennes comportaient des salles de bains avec des toilettes et des douches.
Des serviteurs apportaient des produits qui étaient inspectés par leur maître et inventoriés par les scribes.
C'est ici que sont reçus les invités.
Des serviteurs apportaient de la nourriture en traversant l'antichambre.
Les quartiers des serviteurs (probablement)

Chant, danse et musique

La musique et la danse ont toujours joué un rôle important dans la vie quotidienne égyptienne. Il n'existait pas de théâtres ni de salles de concert, mais des musiciens qui divertissaient le public lors de banquets privés ou pendant les fêtes religieuses. Les peintures retrouvées dans les tombes montrent que de nombreuses danses étaient très sportives : elles comprenaient des roulades et même des roues. Alors que la plupart des Égyptiennes étaient vêtues de longues robes, les danseuses, elles, portaient des vêtements courts ; certaines se produisaient même nues. On a retrouvé de nombreux instruments de musique, mais aucune trace de partition ; il est donc difficile d'imaginer quel genre de musique jouaient les musiciens.

Danse
Dans de nombreuses tombes du Nouvel Empire, on a retrouvé des fresques représentant des scènes de banquets : de jeunes danseuses et des musiciennes divertissaient les invités pendant les dîners.

Instruments de musique
Les musiciens égyptiens jouaient de toutes sortes d'instruments : les instruments à cordes, comme la harpe, le luth et la lyre ; les bois, tels que la flûte, la double clarinette et le double hautbois ; les instruments à percussion, comme les tambourins. Certains instruments avaient des fonctions spécifiques. L'armée utilisait trompettes, bugles et tambours, tandis que les crécelles, cymbales et clochettes étaient réservées aux cérémonies religieuses.

Les harpes Elles étaient en bois incrusté d'os et de faïence, et peintes dans des couleurs vives.

Le harem royal

Les femmes du harem royal étaient des musiciennes et des danseuses expérimentées qui utilisaient leurs talents pour divertir le roi. D'autres musiciennes et danseuses se produisaient lors des cérémonies religieuses et des funérailles.

La décoration des tombes

Les artistes qui décoraient les tombes égyptiennes étaient des maîtres artisans respectés. Cet artiste utilise une grille formée de lignes horizontales et verticales pour s'assurer que les proportions des personnages sont justes. Une fois cette scène terminée, il recouvrira la grille d'une couche de peinture.

Les outils du métier
L'artiste utilise de fins pinceaux en roseau et de la peinture à base de pigments provenant de la terre.

Images du passé : les arts antiques

Les hiéroglyphes sont apparus en Égypte vers 3100 av. J.-C. Le terme, qui signifie « paroles divines », désigne des signes, en lignes ou en colonnes, qui se lisent de gauche à droite ou de droite à gauche. Les premiers écrits retrouvés étaient de longues listes qui détaillaient les objets funéraires et les offrandes qui devaient accompagner le défunt dans sa tombe. Les premiers récits de fiction furent rédigés pendant le Moyen Empire. Peu d'enfants égyptiens allaient à l'école, et moins de 10 % de la population savait lire et écrire. Les études pour devenir scribe étaient difficiles. Les apprentis scribes apprenaient à écrire en recopiant, d'innombrables fois, des textes : des prières aux lettres officielles, en passant par les récits de fiction et les conseils donnés aux jeunes étudiants sur la façon de bien mener sa vie.

La famille royale se détend
Le roi Akhenaton et la reine Néfertiti jouent avec leurs filles. Les hiéroglyphes qui entourent le couple royal expliquent la scène. Les noms royaux sont inscrits dans un « cartouche » (encadrement ovale).

A	Vautour, Bras	I	Roseau	Q	Pente de colline	Y	Double roseau
B	Pied	J	Serpent	R	Bouche	Z	Pas de « Z »
C	Pas de « C »	K	Panier	S	Pli de tissu, Verrou	CH	Cordes
D	Main	L	Lion	T	Pain	KH	Placenta
E	Roseau	M	Chouette	U	Poussin de caille	SH	Lac
F	Cobra à corne	N	Eau	V	Cobra à corne		
G	Support de jarre	O	Lasso	W	Poussin de caille, Corde enroulée		
H	Lin torsadé, Hutte en rosau	P	Siège	X	Pas de « X »		

L'« alphabet » hiéroglyphique
L'écriture hiéroglyphique n'est pas un simple alphabet, mais certains signes peuvent être traduits par nos propres lettres. Et si vous essayiez d'écrire votre prénom en hiéroglyphes ?

L'ÉCRITURE HIÉRATIQUE

Le hiératique est une forme d'écriture plus simple et plus rapide que les hiéroglyphes. Il se lit toujours de droite à gauche. Tandis qu'on utilisait ces derniers pour les temples, les tombes et les inscriptions officielles, on rédigeait des documents moins formels en hiératique (voir ci-dessous).

Un scribe à l'ouvrage
Cette célèbre statue (que l'on peut voir au musée du Louvre) représente un scribe de l'Ancien Empire. Assis en tailleur, son rouleau de papyrus sur les genoux, le regard attentif, il semble encore prêt à écrire.

L'artisanat

Les artisans égyptiens étaient célèbres dans le monde entier. Les joailliers utilisaient de l'or, de l'argent, et de nombreuses pierres semi-précieuses de toutes les couleurs pour créer colliers, bracelets, bagues et boucles d'oreilles qui convenaient aux femmes comme aux hommes. Les colliers de perles les plus courants étaient en faïence et représentaient souvent l'œil d'Horus, symbole de protection. Les tailleurs de pierre utilisaient des matériaux différents pour fabriquer de superbes statues et de la vaisselle. Les charpentiers et menuisiers égyptiens souffraient d'une pénurie de bois (on importait du bois précieux du Liban), mais ils parvenaient malgré tout à fabriquer des bateaux, des cercueils, ainsi que des meubles incrustés d'ébène et d'ivoire.

Médailles anciennes
Les mouches en or étaient l'équivalent des médailles chez les Égyptiens. On les décernait aux soldats courageux.

Hippopotame en faïence
La faïence est une céramique faite à base de quartz dépoli ou de sable, recouverte d'un vernis caractéristique bleu ou vert. On utilisait la faïence pour la fabrication de perles, de plats, de récipients et d'objets.

DES ARTISANS AU TRAVAIL

Les informations que nous avons sur les techniques artisanales égyptiennes proviennent des scènes de la vie quotidienne peintes sur les murs des tombes et des miniatures en bois datant du Moyen Empire, spécialement créées pour accompagner les morts. L'étude approfondie des objets retrouvés lors des fouilles aide également les experts à déterminer comment ils ont été fabriqués.

Un atelier de charpentiers
Cette miniature, retrouvée dans la tombe de Meketrê, datant du Moyen Empire, représente un atelier de charpentiers. Au centre de l'atelier, un charpentier scie une planche de bois avec une scie métallique.

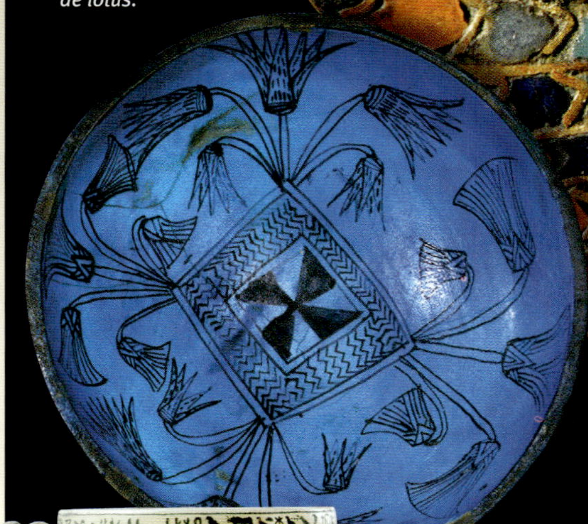

Bol en faïence
Ce bol en faïence datant du Nouvel Empire est orné d'un bassin central et de fleurs de lotus.

Calice en forme de fleur
On a retrouvé dans la tombe de Toutankhamon ce calice d'albâtre en forme de fleur de lotus ouverte.

Les bijoux égyptiens

Les Égyptiens extrayaient de l'or des mines situées dans le désert et en Nubie (l'actuel Soudan). Sertis de pierres semi-précieuses colorées, telles que le lapis-lazuli, l'améthyste, la cornaline et la turquoise, les bijoux égyptiens brillaient de mille feux sur les étoffes blanches des vêtements. L'argent était plus rare que l'or, donc plus cher. Les Égyptiens plus modestes portaient des bijoux en faïence et en pierres moins coûteuses.

Un faucon précieux *Ce pectoral (ou pendentif) incrusté d'or, a été retrouvé dans la tombe de Toutankhamon. Le faucon tient dans chacune de ses serres la croix* ankh *(symbole de la vie) et l'anneau* chen *(symbole de l'éternité).*

Sculpture en quartzite *Cette tête de princesse en quartzite, datant du Nouvel Empire, provient de l'atelier du sculpteur Thoutmosis, à Tell el-Amarna.*

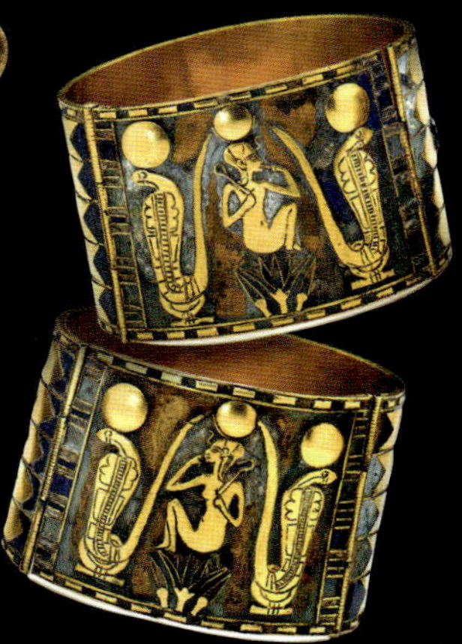

Bracelets en or *Cette paire de bracelets en or, datant de la Troisième Période intermédiaire, provient probablement de la ville de Saïs, située dans le delta du Nil.*

L'expansion de l'Empire :

l'armée égyptienne

Sous l'Ancien Empire, le pharaon disposait d'une garde rapprochée, mais l'Égypte n'avait pas d'armée permanente. Si l'on avait besoin de troupes, on réquisitionnait des hommes non entraînés dans les villages. Au cours du Moyen Empire, on créa une armée professionnelle. Les soldats n'étaient pas vêtus d'armures, mais portaient de longs boucliers en cuir. Ils se battaient à pied, armés de haches d'armes, de lances et de dagues. Les arcs et les flèches leur permettaient de viser les troupes ennemies de très loin. L'armée connut une forte expansion pendant le Nouvel Empire, quand l'Égypte atteignit son apogée.

Les frontières de l'Empire
Durant le Nouvel Empire, l'Égypte étend son empire. Cette extension est représentée ci-dessus en beige. La zone directement contrôlée par l'Égypte est représentée ci-dessus en vert.

Une armée miniature
Ces soldats en bois peint ont été retrouvés dans une tombe datant du Moyen Empire, celle de Mesehti, prince d'Assiout. Ces archers portent de longs boucliers et des lances, mais n'ont pas d'armure.

Chevaux *Les chevaux étaient parfois recouverts de couvertures pendant les batailles. Ils n'avaient pas d'armure.*

L'ARSENAL ÉGYPTIEN

Les premiers chasseurs et guerriers égyptiens utilisèrent l'« arc simple » et des flèches à pointe de silex ou de métal. Au début du Nouvel Empire, l'apparition de l'« arc composé » permit aux soldats de tirer plus loin et de manière plus précise.

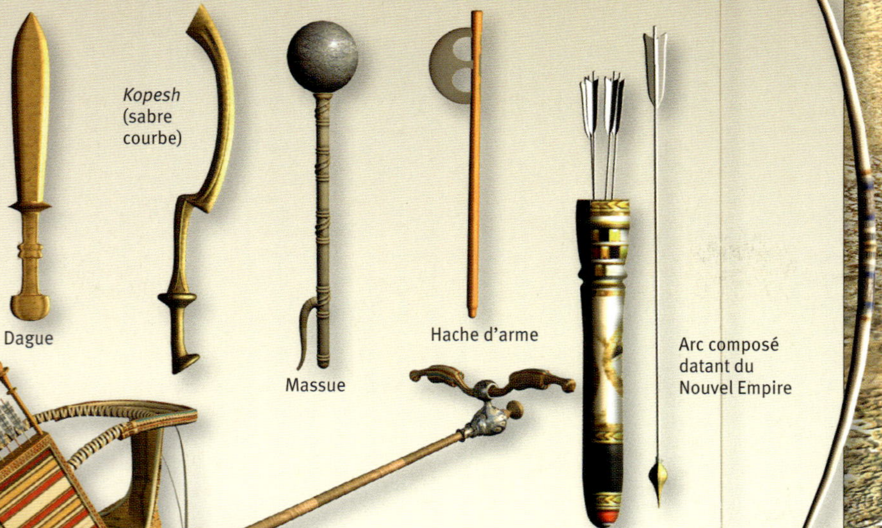

Dague

Kopesh (sabre courbe)

Massue

Hache d'arme

Carquois destiné aux flèches à pointe de silex ou de métal

Arc composé datant du Nouvel Empire

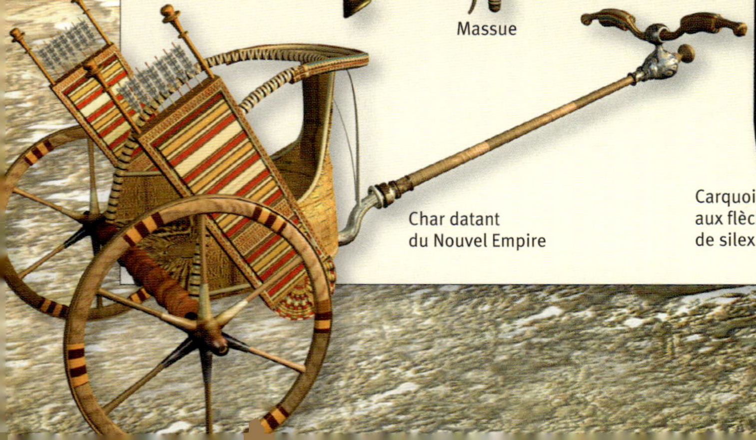

Char datant du Nouvel Empire

La bataille de Kadesh

L'armée égyptienne avait quitté l'Égypte pour combattre l'armée hittite.
Une nuit, deux étrangers furent capturés. Ils racontèrent au pharaon Ramsès II que les Hittites étaient encore très loin des lignes égyptiennes. Mais ces étrangers étaient des espions. En fait, les Hittites s'apprêtaient à tendre une embuscade aux Égyptiens dans la ville de Kadesh.

Le lendemain, deux autres étrangers, espions eux aussi, furent capturés. Ramsès II comprit alors que les Hittites étaient tout près. Bientôt, les Égyptiens furent complètement encerclés. Les soldats égyptiens s'enfuirent en courant, laissant le roi et son porteur de bouclier tout seuls. Ramsès II implora le dieu Amon de lui venir en aide. Puis il attaqua l'ennemi sans pitié. À la tombée de la nuit, tous les Hittites furent vaincus : ceux qui n'avaient pas été tués s'étaient enfuis.

Le roi menant l'assaut *Les rois sont régulièrement représentés seuls sur leur char, les rênes attachées autour de la taille. En réalité, ils avaient un conducteur de char (ou aurige), comme ci-dessous.*

Entrée dans la bataille *Chaque soldat d'élite entrait dans la bataille sur un char léger tiré par un cheval. L'équipage était composé d'un conducteur et d'un combattant armé d'un bouclier court, d'une lance et d'un arc.*

L'armure royale *Le roi revêtait probablement une armure faite d'écailles de cuir et portait des sandales aux pieds.*

L'aurige *L'homme conduisait le char pendant que le pharaon utilisait ses armes.*

Carte de repérage De page en page, retrouvez facilement le site dont on parle grâce au gros point rouge repérable sur chacune des cartes de l'Égypte.

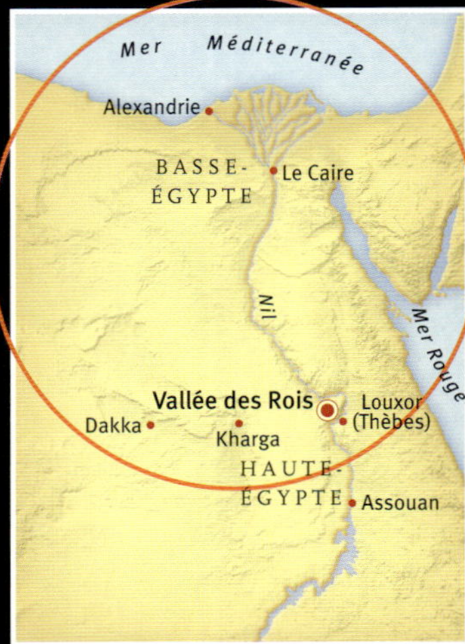

LA VALLÉE DES ROIS

DATE DE CONSTRUCTION : Nouvel Empire, XVIIIe-XXe dynastie, 1550-1070 av. J.-C.

LIEU DE CONSTRUCTION : Thèbes-Ouest

RESPONSABLES DE LA CONSTRUCTION : rois thébains du Nouvel Empire

DIMENSIONS : il existe deux groupes de tombes royales, l'un dans la vallée principale et l'autre dans la vallée occidentale (une ramification). Au total, les deux sites principaux représentent moins de 2,6 km².

DATE DE DÉCOUVERTE : ce site était connu dès l'Antiquité, mais de nombreuses tombes ont été découvertes entre 1817 et 1922.

LES RAISONS DE SA CÉLÉBRITÉ : lieu où furent enterrés de nombreux pharaons célèbres, notamment Hatshepsout, Thoutmosis III, Toutankhamon, Séti Ier et Ramsès II.

Un rapide aperçu fournit les informations essentielles sur chaque site exploré.

Une barre chronologique indique à quelle date le site a été construit et utilisé. La barre va de l'Ancien Empire jusqu'à la Période tardive.

Zoom sur

2649 av. J.-C.
ANCIEN EMPIRE
2150 av. J.-C.
2040 av. J.-C.
MOYEN EMPIRE
1640 av. J.-C.
1550 av. J.-C.
NOUVEL EMPIRE
1070 av. J.-C.
712 av. J.-C.
PÉRIODE TARDIVE
332 av. J.-C.

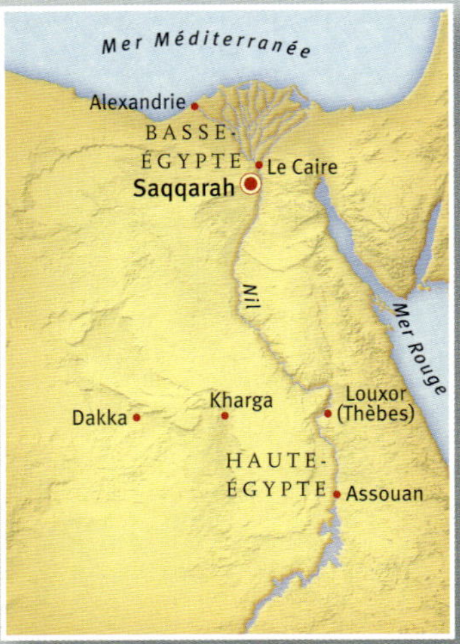

LA PYRAMIDE À DEGRÉS

DATE DE CONSTRUCTION : Ancien Empire, IIIe dynastie, 2630-2611 av. J.-C.

LIEU DE CONSTRUCTION : Saqqarah.

RESPONSABLE DE LA CONSTRUCTION : l'architecte Imhotep pour le pharaon Djoser.

DIMENSIONS : 62,5 m de haut ; base : 109 m x 121 m.

DATE DE DÉCOUVERTE : ce site a toujours été connu. À partir de 1924, Cecil Firth et Jean-Philippe Lauer ont mis au jour les constructions environnantes.

LES RAISONS DE SA CÉLÉBRITÉ : la plus ancienne pyramide et le plus ancien édifice en pierre d'Égypte.

La pyramide à degrés de Saqqarah

L'architecte Imhotep, de la IIIe dynastie, construisit un tombeau pour le pharaon Djoser dans la nécropole de Saqqara au nord de l'Égypte. Au départ, Imhotep édifia pour son souverain un mastaba : un tombeau de forme carrée comprenant une chambre funéraire souterraine. Mais les plans furent modifiés. Imhotep transforma d'abord la tombe carrée en une tombe rectangulaire, puis en une pyramide à quatre degrés. Finalement, elle devint une pyramide à six degrés. Il s'agit de la première pyramide et du premier édifice en pierre construit en Égypte.

LE COMPLEXE PYRAMIDAL

La pyramide à degrés est entourée de nombreuses constructions funéraires et de cours, elles-mêmes entourées d'un imposant mur d'enceinte en calcaire. Les archéologues n'ont pas entièrement élucidé la fonction de ces édifices.

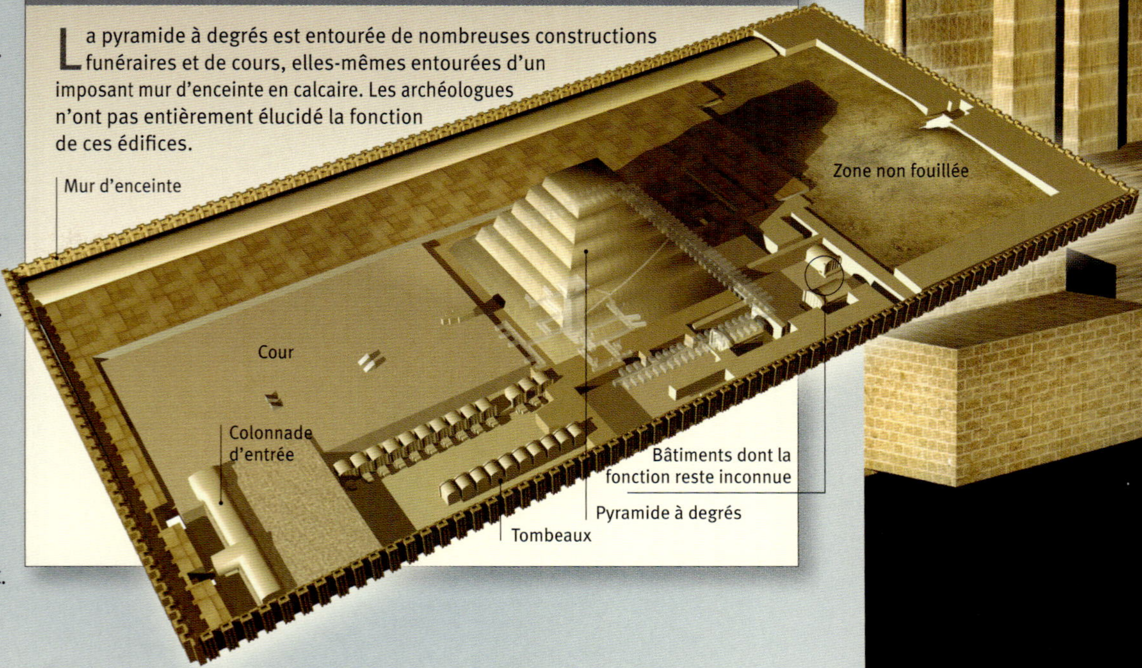

La pyramide à degrés de Djoser

La partie visible de la pyramide, ce sont les six gradins qui la constituent, mais, à l'intérieur, se trouve la chambre funéraire du pharaon Djoser. Elle est entourée d'un labyrinthe de galeries, dont certaines sont recouvertes de carreaux bleu-vert et de portraits du souverain.

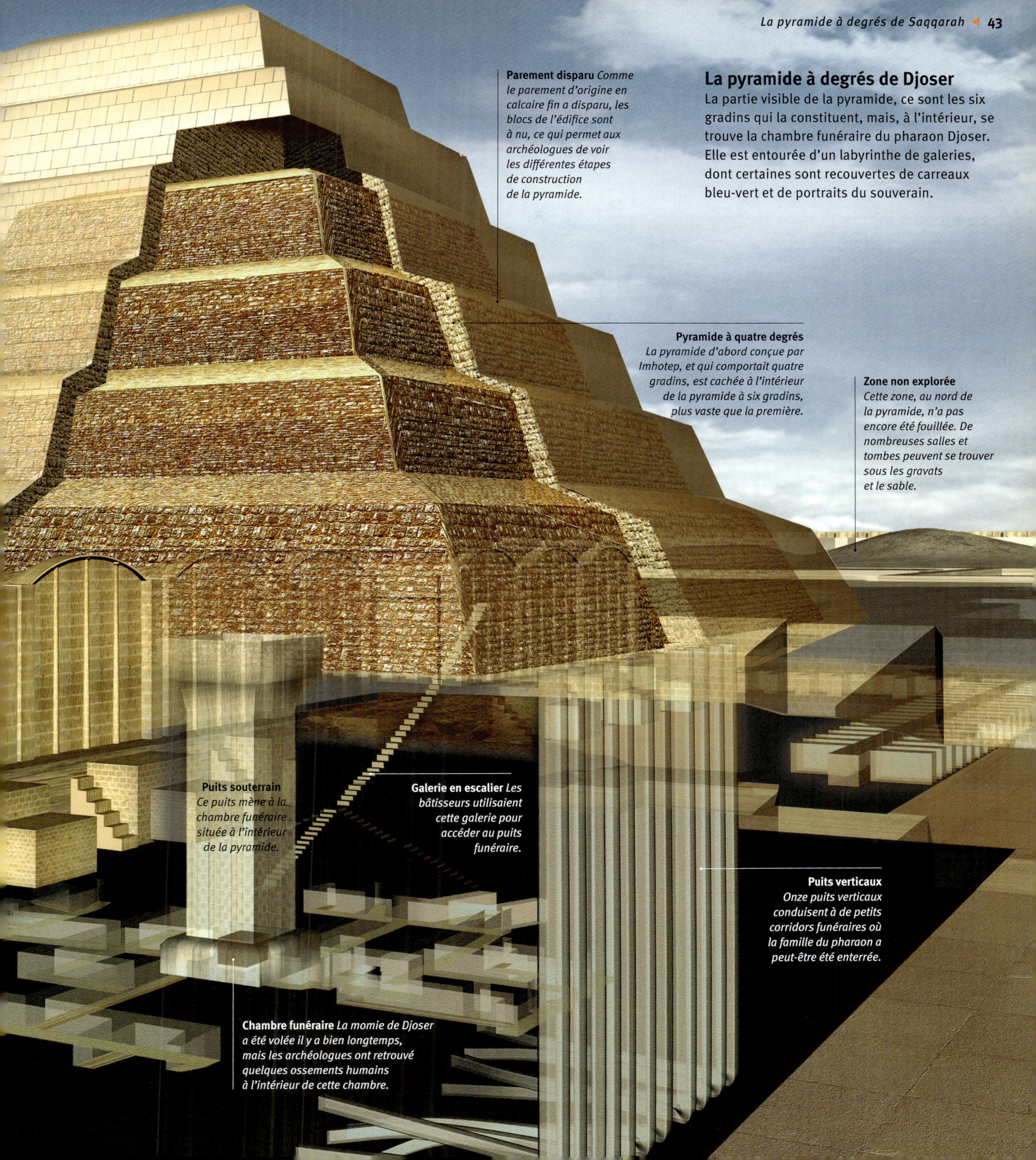

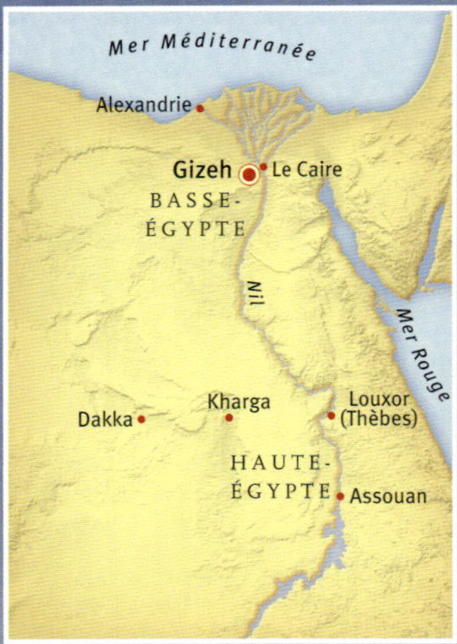

LA GRANDE PYRAMIDE

DATE DE CONSTRUCTION : Ancien Empire, IVe dynastie, 2551-2528 av. J.-C.

LIEU DE CONSTRUCTION : le plateau de Gizeh.

RESPONSABLE DE LA CONSTRUCTION : le pharaon Kheops.

DIMENSIONS : 146 m de haut ; chaque face mesure 230 m de long.

DATE DE DÉCOUVERTE : site connu depuis l'Antiquité.

LES RAISONS DE SA CÉLÉBRITÉ : le plus grand édifice du monde pendant plus de 4 000 ans.

La grande pyramide de Gizeh

La grande pyramide de Gizeh est la seule des Sept Merveilles du monde qui subsiste aujourd'hui. Prodige de technique d'une grande précision, cette pyramide a été érigée pour servir de tombeau au roi Kheops, de la IVe dynastie. Bien que la chambre funéraire centrale contienne toujours le sarcophage du pharaon, la pyramide a été pillée dès l'Antiquité et la momie du roi n'a jamais été retrouvée.

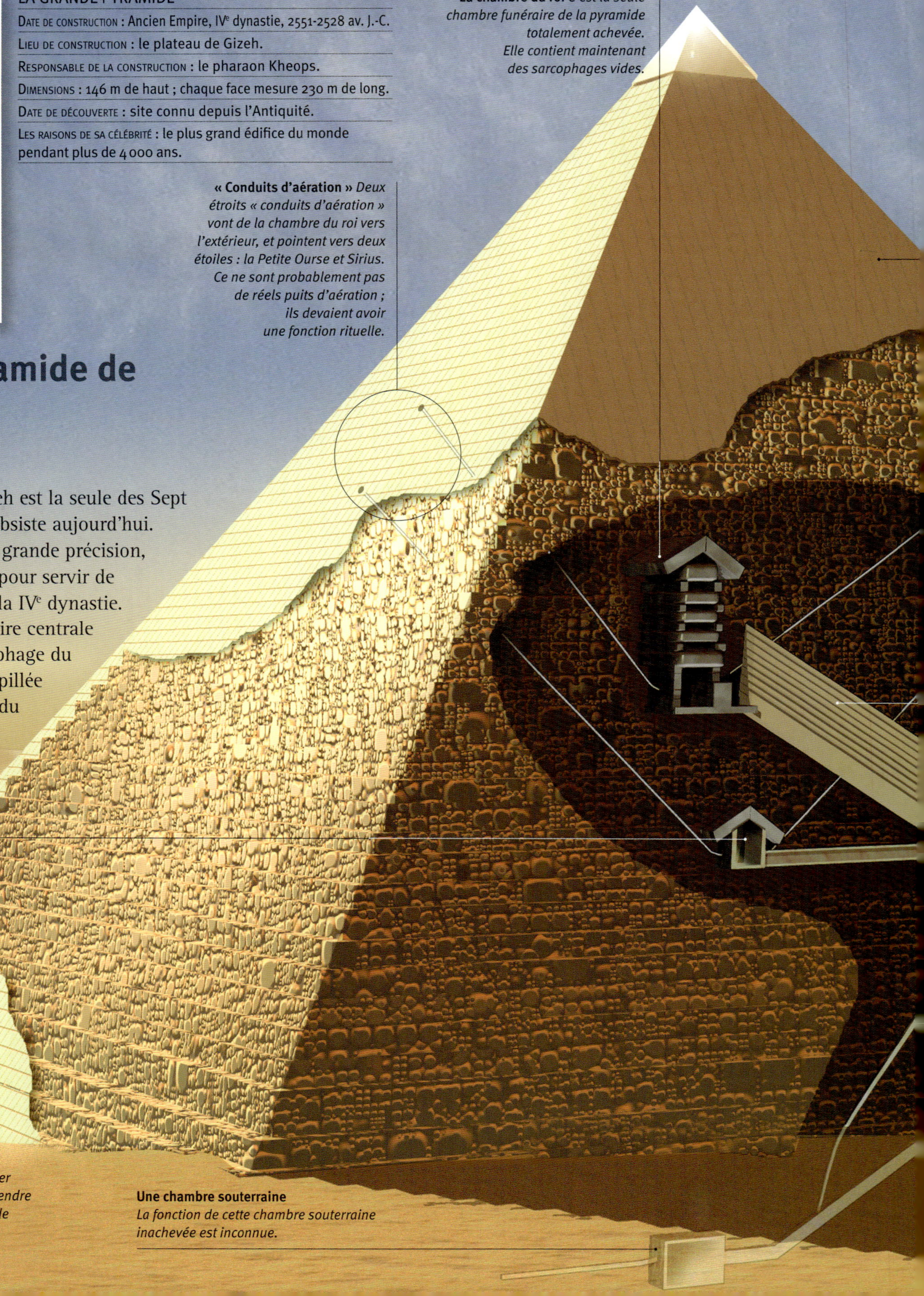

La chambre du roi *C'est la seule chambre funéraire de la pyramide totalement achevée. Elle contient maintenant des sarcophages vides.*

« Conduits d'aération » *Deux étroits « conduits d'aération » vont de la chambre du roi vers l'extérieur, et pointent vers deux étoiles : la Petite Ourse et Sirius. Ce ne sont probablement pas de réels puits d'aération ; ils devaient avoir une fonction rituelle.*

La chambre de la reine *Les premiers visiteurs arabes ont appelé cette chambre inachevée « la chambre de la reine ».*

Des dimensions phénoménales *Ces Égyptiens permettent de donner une échelle de grandeur et de se rendre compte de l'immensité de la grande pyramide.*

Une chambre souterraine *La fonction de cette chambre souterraine inachevée est inconnue.*

Des millions de blocs de pierre

On a estimé que la pyramide était constituée de 2,3 millions de blocs de pierre, mais c'est peut-être un chiffre exagéré car il pourrait y avoir aussi beaucoup de gravats. Les pierres provenaient d'une carrière de calcaire proche du site.

GARDIEN DES PYRAMIDES ROYALES

Les sphinx égyptiens étaient des monstres formés d'un corps de lion et d'une tête humaine (parfois de bélier ou de vautour). Pour les Égyptiens, le sphinx de Gizeh représentait le dieu-soleil.

Le roi Amasis représenté sous la forme d'un sphinx

Le grand sphinx
Le sphinx de Gizeh a un corps de lion et la tête du souverain. Il porte une coiffe royale et avait autrefois une longue barbe.

2649 av. J.-C.
ANCIEN EMPIRE
2150 av. J.-C.
2040 av. J.-C.
MOYEN EMPIRE
1640 av. J.-C.
1550 av. J.-C.
NOUVEL EMPIRE
1070 av. J.-C.
712 av. J.-C.
PÉRIODE TARDIVE
332 av. J.-C.

LA VALLÉE DES ROIS

Date de construction : Nouvel Empire, XVIIIe-XXe dynastie, 1550-1070 av. J.-C.

Lieu de construction : Thèbes Ouest.

Responsables de la construction : rois thébains du Nouvel Empire.

Dimensions : il existe deux groupes de tombes royales, l'un dans la vallée principale et l'autre dans la vallée occidentale (une ramification). Au total, les deux sites principaux représentent moins de 2,6 km^{2}.

Date de découverte : ce site était connu dès l'Antiquité, mais de nombreuses tombes ont été découvertes entre 1817 et 1922.

Les raisons de sa célébrité : lieu de sépultures de nombreux pharaons célèbres, notamment Hatshepsout, Thoutmosis III, Toutankhamon, Séti Ier et Ramsès II.

La Vallée des Rois

Les pharaons de l'Ancien Empire et du Moyen Empire ont employé des milliers d'ouvriers pour construire les pyramides dans le nord de l'Égypte. Malheureusement, ces pyramides ont été pillées peu après les funérailles des rois. Pendant le Nouvel Empire, les pharaons se firent enterrer dans le sud de l'Égypte, inaugurant ainsi une nouvelle tradition. Les sépultures royales étaient divisées en deux parties complètement séparées. On construisait les temples funéraires royaux – dédiés au culte du pharaon défunt – près du Nil pour que tout le monde puisse les voir. En revanche, les momies royales étaient enterrées, avec leurs précieux biens funéraires, dans des tombes secrètes creusées dans la roche et dissimulées dans la Vallée des Rois.

La tombe de Séti Ier, creusée dans la roche

La tombe du pharaon Séti Ier, de la XIXe dynastie, fut découverte en 1817 par Giovanni Battista Belzoni. C'est la plus longue et la plus profonde des tombes royales et l'une des plus magnifiquement décorées.

La vallée royale
La Vallée des Rois est une vallée fluviale aride et isolée, située sur la rive occidentale du Nil, près de Thèbes, dans le sud de l'Égypte. Les Égyptiens espéraient que ce lieu, à l'écart, protégerait les sépultures des pharaons des pilleurs de tombes qui avaient vidé les pyramides royales.

Pilleurs de tombes
La tombe de Séti Ier a été pillée dans l'Antiquité, mais les voleurs n'ont pas emporté le superbe sarcophage royal en calcite.

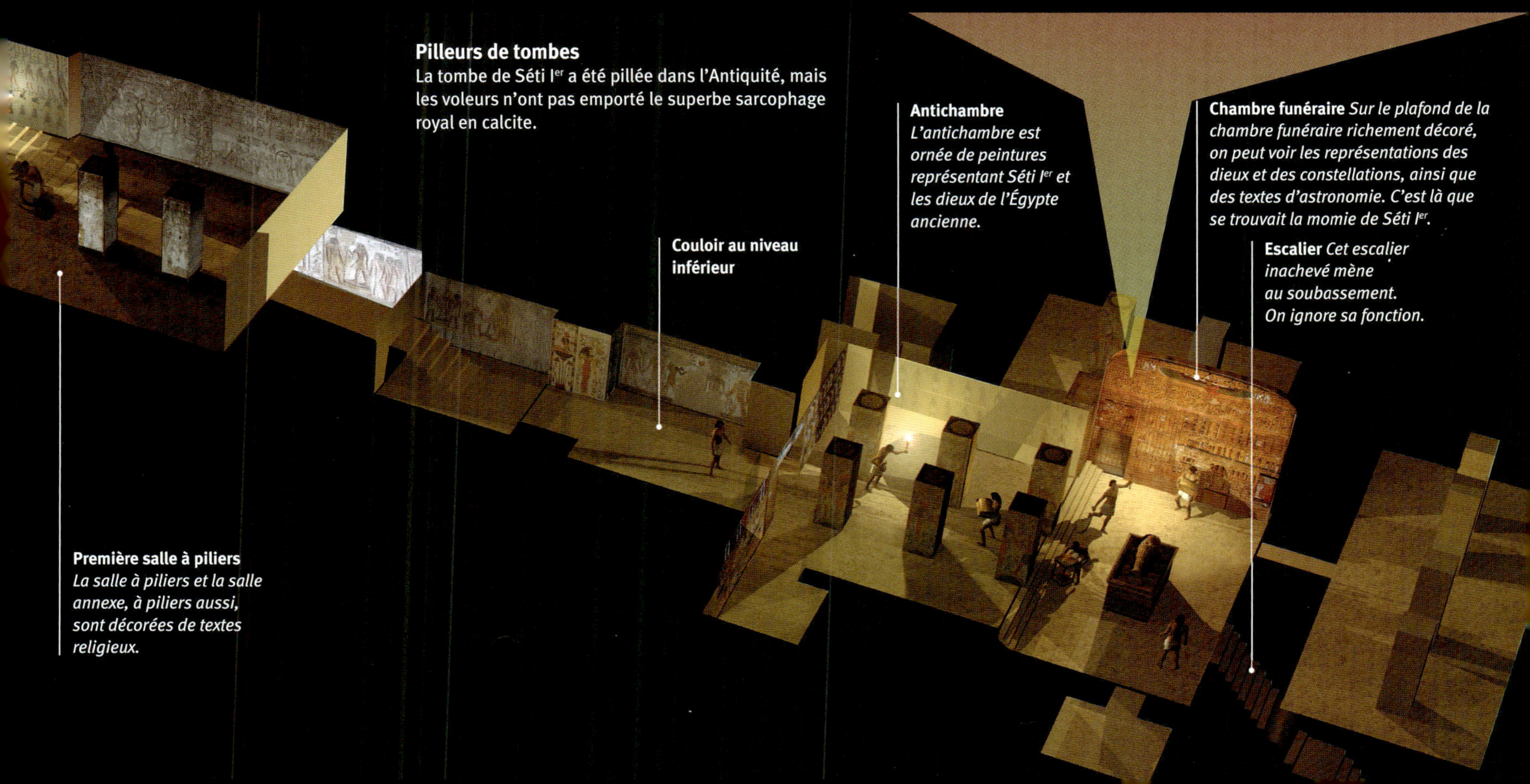

2649 av. J.-C.
ANCIEN EMPIRE
2150 av. J.-C.
2040 av. J.-C.
MOYEN EMPIRE
1640 av. J.-C.
1550 av. J.-C.
NOUVEL EMPIRE
1070 av. J.-C.
712 av. J.-C.
PÉRIODE TARDIVE
332 av. J.-C.

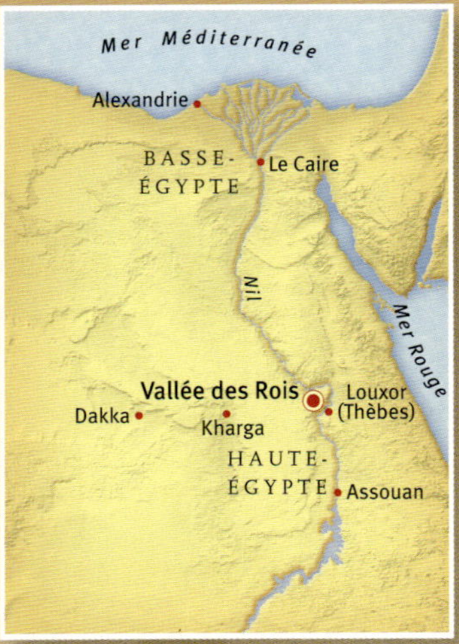

LA TOMBE DE TOUTANKHAMON

DATE DE CONSTRUCTION : Nouvel Empire, XVIIIe dynastie, 1352-1346 av. J.-C.

LIEU DE CONSTRUCTION : Vallée des Rois.

RESPONSABLE DE LA CONSTRUCTION : un noble, mais elle fut utilisée pour enterrer Toutankhamon, qui mourut brutalement.

DIMENSIONS : quatre chambres de 84 m^2 en tout.

DATE DE DÉCOUVERTE : en 1922, par Howard Carter et lord Carnarvon.

LES RAISONS DE SA CÉLÉBRITÉ : la tombe la plus intacte d'un pharaon jamais découverte dans les temps modernes.

La tombe de
Toutankhamon

Toutankhamon, l'un des pharaons les plus connus, a eu une vie très courte. Il monta sur le trône dès l'âge de 8 ans et mourut à 18 ou 19 ans, peut-être d'un accident de char. La célébrité de Toutankhamon est liée à la découverte de sa tombe en 1922. Remplie de magnifiques trésors qui devaient l'accompagner dans l'au-delà, cette tombe était la seule des sépultures royales qui n'ait pas été pillée dans l'Antiquité. En revanche, elle avait fait l'objet de vols au moins deux fois avant sa découverte par Howard Carter.

Une grande détermination
L'archéologue anglais Howard Carter, dont les fouilles furent financées par lord Carnarvon, passa 5 ans à rechercher la tombe de Toutankhamon, puis 10 ans encore à en extraire tous ses trésors. On le voit ici en train de nettoyer méticuleusement le troisième cercueil du pharaon.

Enterré en toute hâte
Les scientifiques ont examiné la momie de Toutankhamon, sans pouvoir déterminer la cause de sa mort, si précoce. Comme le décès du pharaon fut soudain, la tombe royale n'était pas prête ; il fut donc enterré dans une petite tombe, construite pour un noble.

De précieuses sandales
Parmi les trésors retrouvés dans la tombe, il y avait 47 paires de sandales. Les semelles de certaines paires (en cuir recouvert d'or) étaient décorées de peintures représentant les ennemis du pharaon.

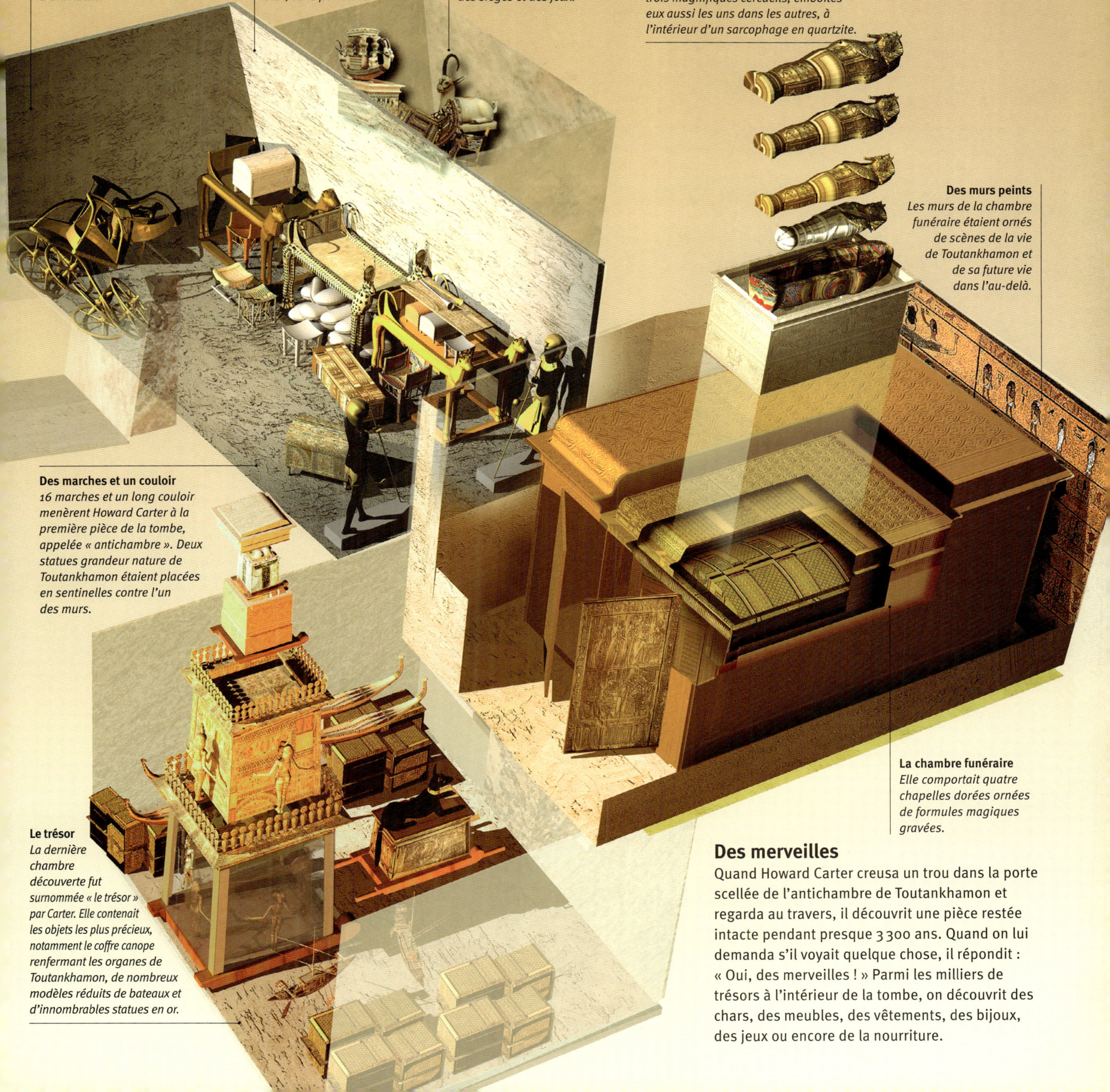

Des merveilles

Quand Howard Carter creusa un trou dans la porte scellée de l'antichambre de Toutankhamon et regarda au travers, il découvrit une pièce restée intacte pendant presque 3 300 ans. Quand on lui demanda s'il voyait quelque chose, il répondit : « Oui, des merveilles ! » Parmi les milliers de trésors à l'intérieur de la tombe, on découvrit des chars, des meubles, des vêtements, des bijoux, des jeux ou encore de la nourriture.

2649 av. J.-C.
ANCIEN EMPIRE
2150 av. J.-C.
2040 av. J.-C.
MOYEN EMPIRE
1640 av. J.-C.
1550 av. J.-C.
NOUVEL EMPIRE
1070 av. J.-C.
712 av. J.-C.
PÉRIODE TARDIVE
332 av. J.-C.

Les temples de Karnak

Pendant le Nouvel Empire, la cité de Thèbes (l'actuelle Louxor), située dans le sud, était la capitale de l'Égypte. Au nord de Thèbes se trouvait le complexe de Karnak, un important ensemble de temples en pierre. Ces temples étaient dédiés à plusieurs dieux, notamment Amon, le dieu principal de l'Empire, son épouse, la déesse Mout, et leur fils, le dieu Khonsu.

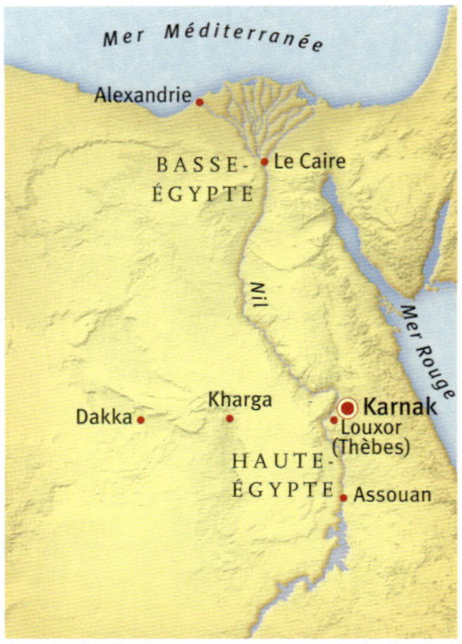

KARNAK

DATE DE CONSTRUCTION : du Moyen Empire jusqu'à la période romaine. L'essentiel de ce qu'on peut voir aujourd'hui a été construit entre le début de la XVIIIe dynastie et le milieu de la XIXe dynastie (environ 1550-1250 av. J.-C.).

LIEU DE CONSTRUCTION : dans le nord de l'ancienne ville de Thèbes (actuellement Louxor).

RESPONSABLES DE LA CONSTRUCTION : au début, les pharaons du Moyen Empire, puis de nombreux autres souverains par la suite.

DIMENSIONS : 128 hectares ; 1,6 km x 0,8 km

DATE DE DÉCOUVERTE : ce site a toujours été connu. Les premiers voyageurs en Égypte pensaient que c'était un palais royal.

LES RAISONS DE SA CÉLÉBRITÉ : le plus grand complexe religieux de l'Égypte ancienne.

ALLÉE DES SPHINX

Des rangées de sphinx à tête de bélier gardent la voie processionnelle, qui, au sud, va du temple d'Amon au temple de Louxor. On transporta la statue d'Amon sur ce dromos (avenue) lorsqu'elle fut amenée à Thèbes.

À l'intérieur du complexe

Les temples étaient reliés entre eux par des allées processionnelles. Il y avait un grand lac sacré, de nombreux pylônes (portails) et plusieurs obélisques. La plupart des pierres qui ont servi à construire ces imposants édifices arrivaient à Thèbes par bateau et provenaient des carrières de grès, situées sur les rives du Nil, dans le sud de l'Égypte.

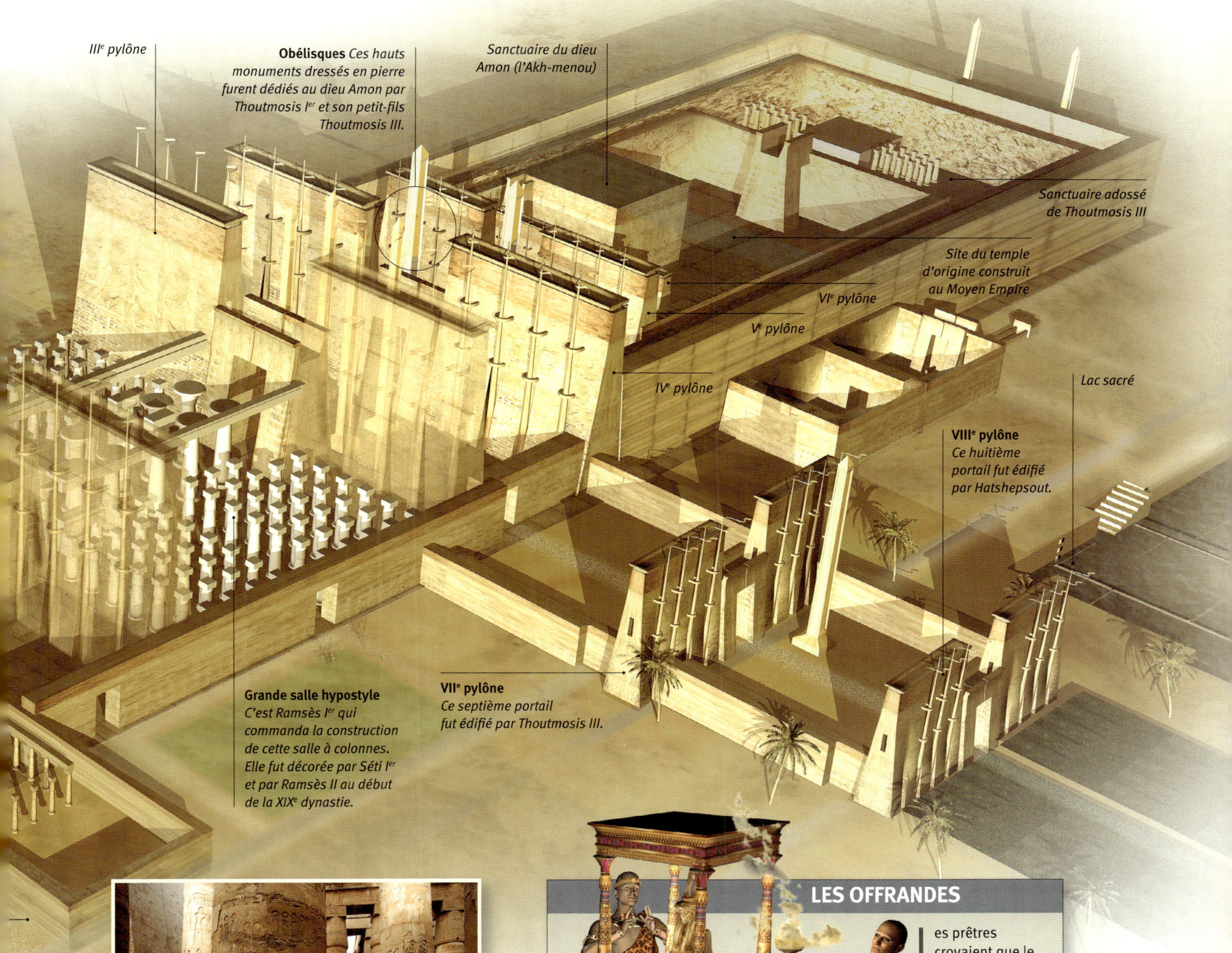

Les colonnes colossales de la grande salle hypostyle
La grande salle hypostyle comporte 16 rangées de 134 colonnes. Douze colonnes gigantesques – six de chaque côté – se font face sur les deux rangées centrales. Chacune d'elles mesure 24 m de haut. Les colonnes qui les entourent, 61 de chaque côté, mesurent 12 m de haut.

LES OFFRANDES

Les prêtres croyaient que le dieu-soleil, Amon, vivait dans le sanctuaire du temple. C'est là qu'ils faisaient des offrandes à sa statue, sous la forme d'encens, de nourriture et de boissons. Le public n'avait pas accès à la statue du dieu.

Les ouvriers bâtisseurs de tombes de

Deir el-Medineh

Le village de Deir el-Medineh fut construit au Nouvel Empire pour loger les ouvriers égyptiens qui construisaient les tombes royales dans la Vallée des Rois et dans la proche Vallée des Reines. Ils habitaient le village avec leurs familles et leurs serviteurs. Chaque semaine, ils quittaient leurs maisons pour rejoindre à pied les vallées. Ils y restaient dans des camps provisoires et rentraient au village en fin de semaine. Les maisons de Deir el-Medineh ont été construites en pierres et en briques de terre crue, et entourées d'un épais mur d'enceinte qui empêchait les étrangers d'entrer. Les villageois, tous des ouvriers qualifiés, édifièrent leurs propres tombes (impressionnantes) hors de l'enceinte.

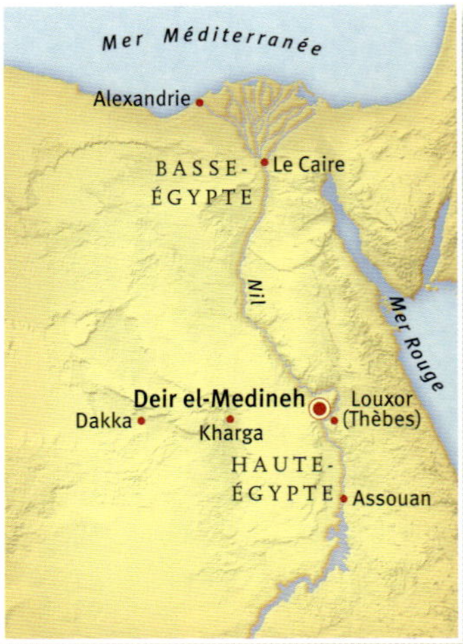

DEIR EL-MEDINEH

Date de construction : Nouvel Empire, XVIIIe-XXe dynasties, 1550-1070 av. J.-C.

Lieu de construction : Deir el-Medineh, près de la Vallée des Rois à Thèbes-Ouest.

Responsables de la construction : les pharaons du début du Nouvel Empire pour les ouvriers construisant les tombes royales.

Dimensions : village fortifié comptant 70 maisons à l'intérieur du mur d'enceinte ; tombes ou chapelles édifiées hors de l'enceinte.

Date de découverte : en 1920, grâce aux fouilles de Bernard Bruyère.

Les raisons de sa célébrité : village d'ouvriers très bien conservé datant du Nouvel Empire.

Une maison à Deir el-Medineh

Les maisons mitoyennes, toutes propriétés de l'État, étaient construites en longueur et présentaient peu d'ouvertures pour rester fraîches durant les mois d'été très chauds. Beaucoup de villageois transformaient le toit plat en une pièce supplémentaire.

Des indices pour comprendre la vie quotidienne

Deir el-Medineh a fourni aux archéologues de nombreuses indications sur la vie quotidienne des ouvriers égyptiens. Ces outils en bois, par exemple, ont été retrouvés dans la tombe de Kha, contremaître royal durant la XVIIIe dynastie.

Vue aérienne du village

La plupart des villages égyptiens étaient construits en lisière de la « terre noire », une terre très fertile, qui borde le Nil. Mais, comme Deir el-Medineh a été bâti dans le désert, il fallait apporter l'eau jusqu'au village à dos d'âne.

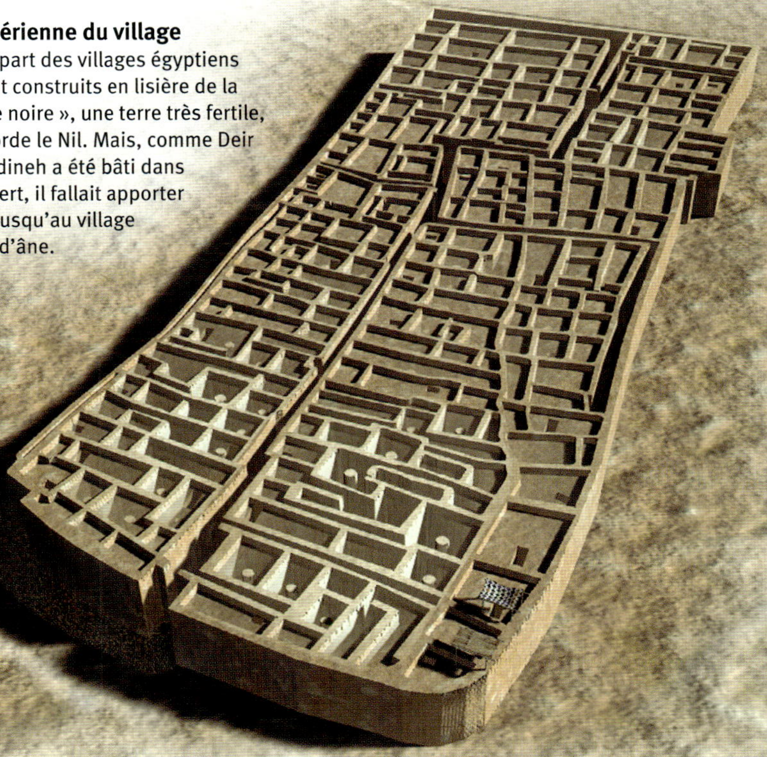

2649 av. J.-C.
ANCIEN EMPIRE
2150 av. J.-C.
2040 av. J.-C.
MOYEN EMPIRE
1640 av. J.-C.
1550 av. J.-C.
NOUVEL EMPIRE
1070 av. J.-C.
712 av. J.-C.
PÉRIODE TARDIVE
332 av. J.-C.

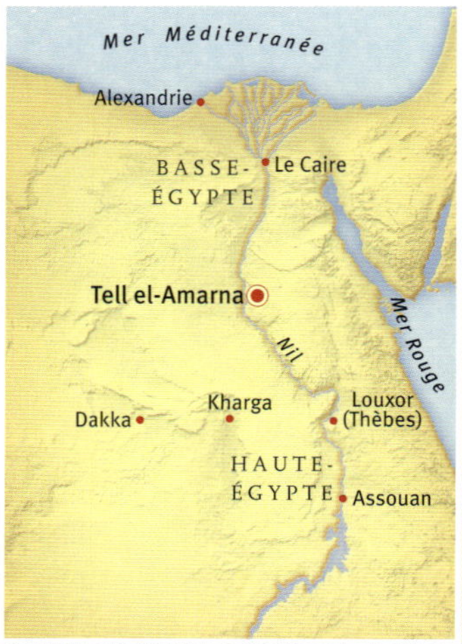

TELL EL-AMARNA

DATE DE CONSTRUCTION : Nouvel Empire, XVIIIe dynastie, 1348-1334 av. J.-C.

LIEU DE CONSTRUCTION : Tell el-Amarna, à 312 km au sud du Caire.

RESPONSABLE DE LA CONSTRUCTION : le pharaon Akhenaton.

DIMENSIONS : vaste site comprenant la ville, le village des ouvriers et les tombes royales. La ville mesure environ 10 km de long et 1,6 km de large.

DATE DE DÉCOUVERTE : site connu depuis l'Antiquité ; première étude scientifique sérieuse en 1824. Premières fouilles menées par Flinders Petrie dans les années 1890.

LES RAISONS DE SA CÉLÉBRITÉ : capitale de l'Égypte pendant une brève durée, elle a échappé à la destruction car elle a été abandonnée, probablement pendant la deuxième année du règne de Toutankhamon.

Aton
Le dieu vénéré par Akhenaton ne ressemblait pas aux autres dieux égyptiens. Il avait la forme d'un disque solaire, avec de longs et fins rayons terminés par des mains miniatures qui tenaient l'*ankh*, symbole de la vie.

La cité du roi hérétique :
Tell el-Amarna

En 1353 av. J.-C., Aménophis IV devint roi d'Égypte. Ce nouveau pharaon ne vénérait pas les dieux traditionnels. Il consacra sa vie à un seul dieu, nommé « Aton », représenté sous la forme du disque solaire. Aménophis changea de nom : il prit celui d'Akhenaton, qui signifie « Esprit vivant d'Aton ». Il abandonna Thèbes, l'ancienne capitale, et en fit construire une nouvelle, nommée Akhetaton (« L'horizon d'Aton »). Le site s'appelle aujourd'hui Tell el-Amarna. Cette ville, construite en pierre et en briques de terre crue, fut achevée en sept ans. Akhenaton espérait que sa capitale serait éternelle, mais elle fut abandonnée après sa mort en 1335 av. J.-C.

La ville solaire d'Akhenaton

Au centre de la nouvelle capitale se trouvaient plusieurs palais royaux et deux temples dédiés au culte d'Aton. Les courtisans d'Akhenaton habitaient de spacieuses villas dans les faubourgs. Un petit village à l'écart de la capitale abritait les ouvriers qui bâtissaient les tombes royales. Le roi et la reine saluaient leurs sujets de la « fenêtre de l'apparition », sur la passerelle qui enjambait la voie royale.

Entrepôts de Ka, la force vitale, qui apparaît à la naissance et qui survit après la mort

Entrepôts du palais

Voie royale *Cette voie processionnelle courait tout le long de la ville*

Grand temple dédié à Aton *Ce temple en plein air permettait aux prêtres de voir le soleil.*

Jardins du palais

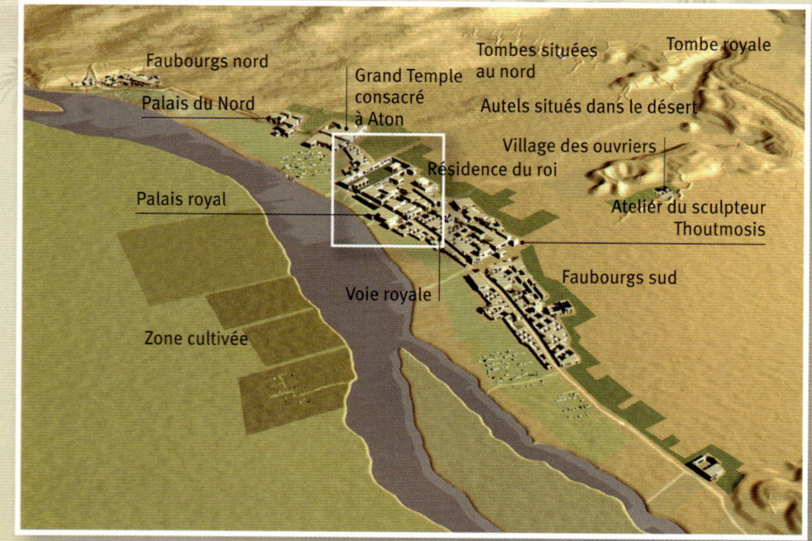

Carte de Tell el-Amarna
Le site se trouve sur la rive droite du Nil, à mi-chemin entre les deux anciennes capitales, Thèbes (au sud) et Memphis (au nord). On a creusé des tombes dans la roche des falaises situées à l'est de la ville.

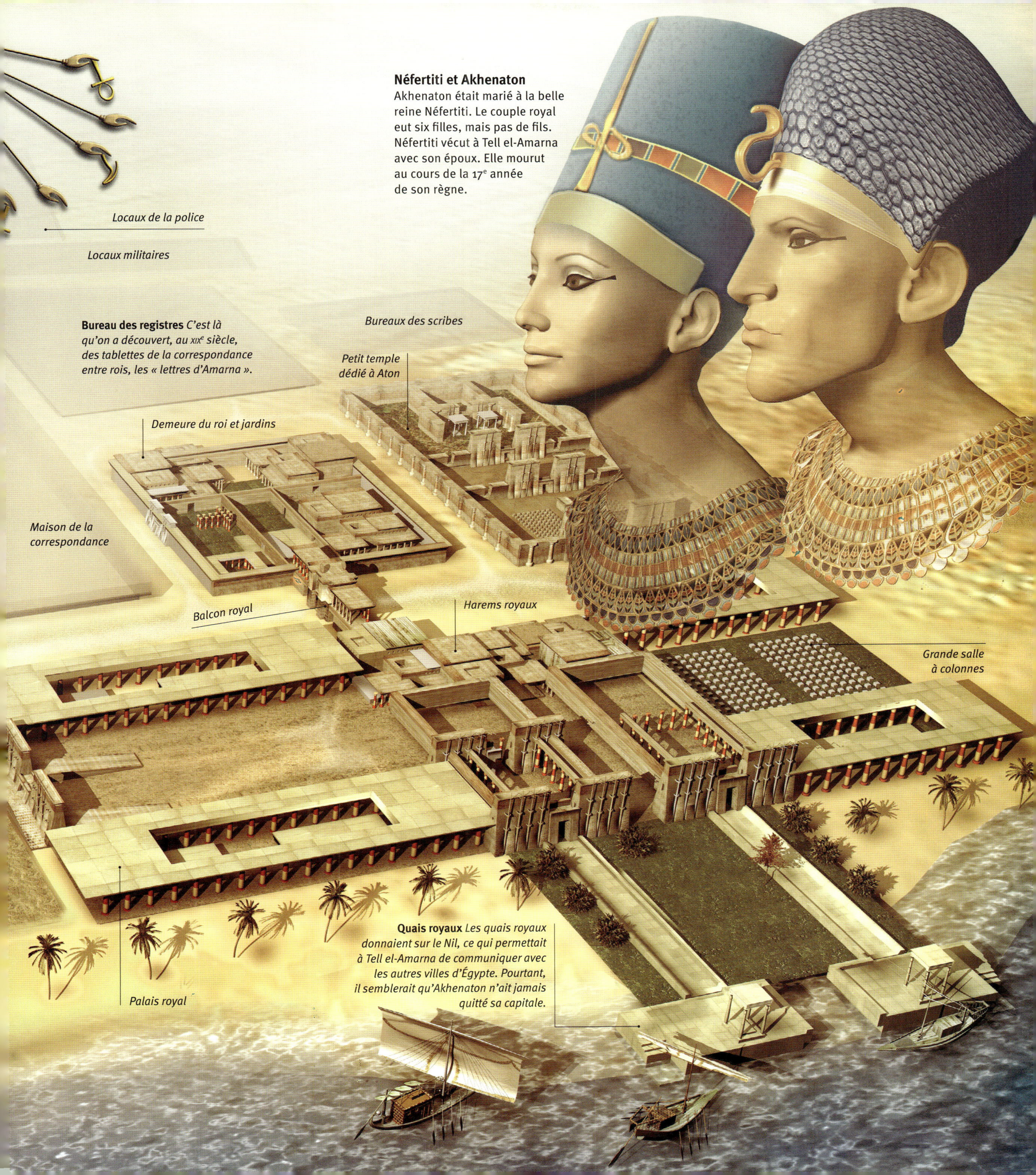
Néfertiti et Akhenaton
Akhenaton était marié à la belle reine Néfertiti. Le couple royal eut six filles, mais pas de fils. Néfertiti vécut à Tell el-Amarna avec son époux. Elle mourut au cours de la 17e année de son règne.
Locaux de la police
Locaux militaires
Bureau des registres *C'est là qu'on a découvert, au XIXe siècle, des tablettes de la correspondance entre rois, les « lettres d'Amarna ».*
Bureaux des scribes
Petit temple dédié à Aton
Demeure du roi et jardins
Maison de la correspondance
Balcon royal
Harems royaux
Grande salle à colonnes
Quais royaux *Les quais royaux donnaient sur le Nil, ce qui permettait à Tell el-Amarna de communiquer avec les autres villes d'Égypte. Pourtant, il semblerait qu'Akhenaton n'ait jamais quitté sa capitale.*
Palais royal

Le fort de Zawiyet Umm el-Rakham

La vaste ville fortifiée de Zawiyet Umm el-Rakham a été fondée par Ramsès II, dit « Ramsès le Grand », afin de protéger l'Égypte des tribus libyennes qui venaient du désert occidental pour envahir le fertile delta du Nil. La forteresse disposait d'un mur d'enceinte épais en briques de terre crue et d'un double portail très bien gardé. À l'intérieur se trouvaient une caserne, une fabrique de bière, une boulangerie, plusieurs puits et un temple. La résidence du gouverneur était un centre administratif qui abritait aussi les quartiers privés du commandant en chef de l'armée, Nebrê.

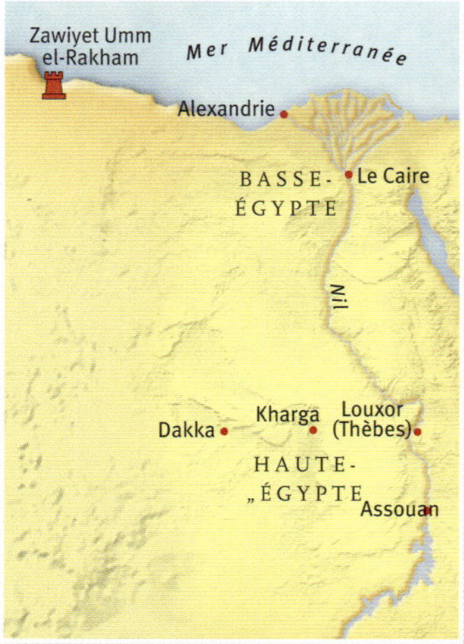

ZAWIYET UMM EL-RAKHAM

Date de construction : Nouvel Empire, XIXe dynastie, vers 1280 av. J.-C.

Lieu de construction : côte méditerranéenne de l'Égypte, à 280 km à l'ouest d'Alexandrie.

Responsable de la construction : le pharaon Ramsès II le Grand.

Dimensions : plus de 2 hectares.

Date de découverte : 1948 ; fouilles menées sur ce site depuis 1994 par Steven Snape, université de Liverpool.

Les raisons de sa célébrité : la plus grande ville fortifiée égyptienne dont il reste des vestiges.

Des armes de guerre *Nebrê utilisait un arc en bois et une flèche à la pointe en silex.*

Prêt pour la bataille *Le conducteur du char de Nebrê portait un bouclier pour protéger son maître.*

Couvertures protectrices *Les chevaux de Nebrê ne portaient pas d'armure, mais ils étaient recouverts de couvertures protectrices.*

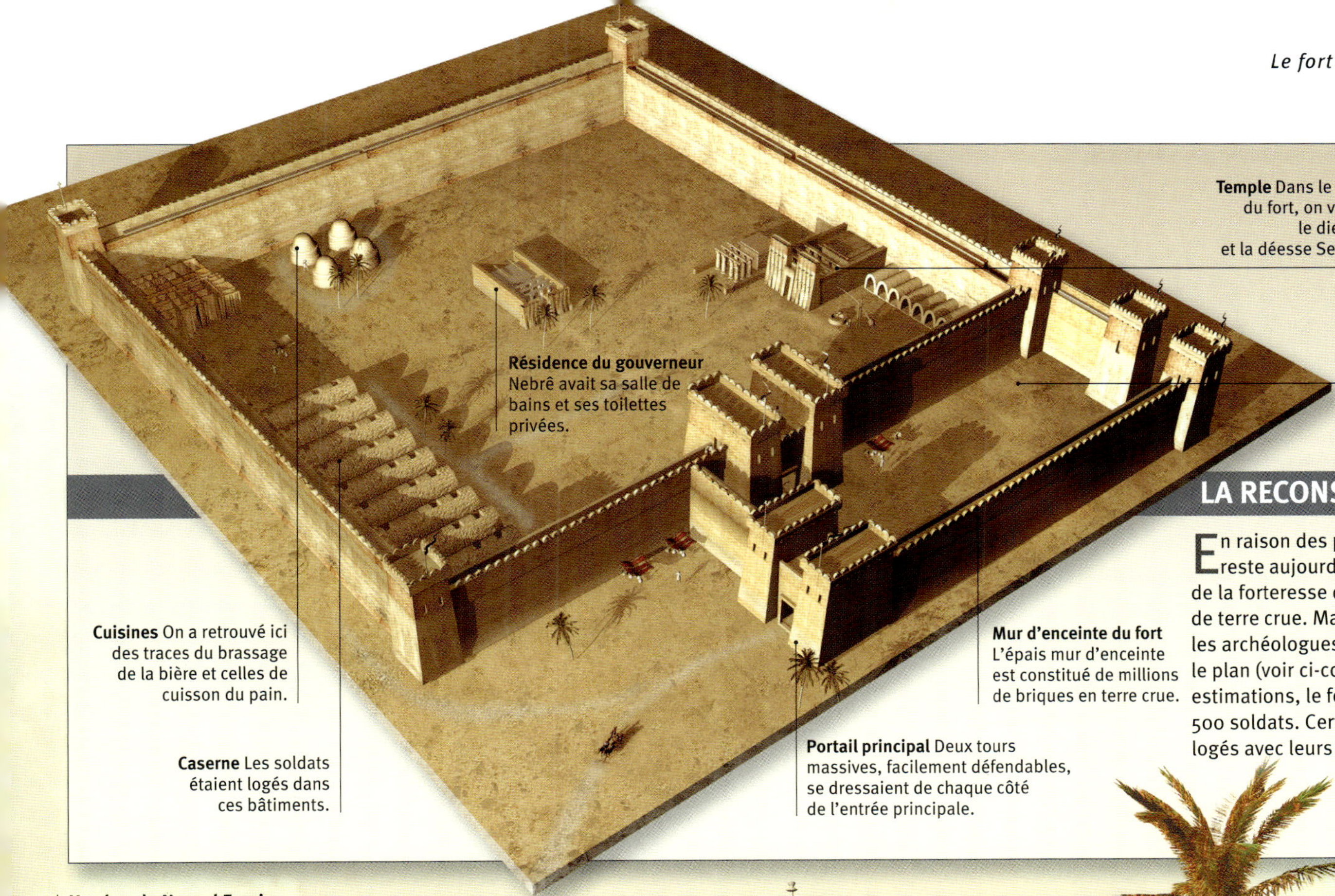

LA RECONSTITUTION DU FORT

En raison des pluies saisonnières, il ne reste aujourd'hui que peu de vestiges de la forteresse construite en briques de terre crue. Mais grâce aux fouilles, les archéologues ont pu en reconstituer le plan (voir ci-contre). D'après leurs estimations, le fort devait abriter au moins 500 soldats. Certains y étaient probablement logés avec leurs familles.

Un char du Nouvel Empire
Le char était léger et facile à manœuvrer. Avant le Nouvel Empire, l'armée égyptienne n'utilisait pas de chars.

Une poursuite acharnée en char

Nebrê, le commandant en chef de l'armée de Zawiyet Umm el-Rakham, sortant du fort à la poursuite des tribus libyennes. Par la suite, les Libyens réussirent à chasser les troupes égyptiennes ; la forteresse fut abandonnée pendant le règne du pharaon Merenptah, fils de Ramsès II.

Le grand temple d'Abou-Simbel

Ramsès II fit construire à Abou-Simbel deux temples creusés dans la roche. Le plus petit est dédié à la déesse Hathor. À l'entrée du grand temple trônent quatre statues colossales de Ramsès II assis. Le temple lui est dédié ainsi qu'à trois autres dieux : Amon, Rê-Horahkty et Ptah. Abou-Simbel était un endroit isolé, éloigné de toute grande ville. Ramsès II avait probablement choisi ce site parce que sa situation géographique lui permettait d'orienter son temple de telle façon que deux fois par an, le 20 février et le 20 octobre, les rayons du soleil venaient éclairer les statues de trois des quatre dieux assis dans le naos, au fond du sanctuaire.

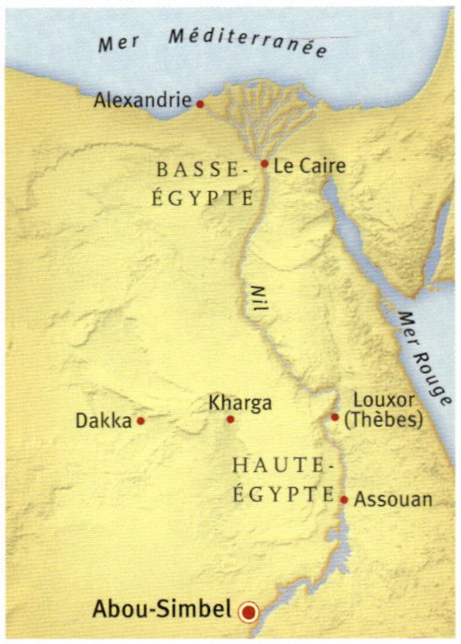

ABOU-SIMBEL

DATE DE CONSTRUCTION : pendant le règne de Ramsès II, XIXe dynastie, 1290 - 1224 av. J.-C.

LIEU DE CONSTRUCTION : Nubie.

RESPONSABLE DE LA CONSTRUCTION : le pharaon Ramsès II.

DIMENSIONS : les statues en façade mesurent chacune 19,5 m de haut. La façade fait 30 m de haut et 35 m de large.

DATE DE DÉCOUVERTE : le site a toujours été connu par les gens du pays. Enseveli sous le sable, il fut redécouvert par Johann Ludwig Burckhardt en 1813.

LES RAISONS DE SA CÉLÉBRITÉ : deux temples jumeaux, taillés à même la roche, déplacés dans les années 1960 pour les protéger des eaux du lac Nasser.

À l'intérieur du grand temple
Le grand temple est creusé dans la falaise de grès d'Abou-Simbel (profondeur 48 m). À l'intérieur se trouvent des salles ornées de colonnes et un sanctuaire.

Le déplacement des temples

Dans les années 1960, les Égyptiens décidèrent de construire le haut barrage d'Assouan afin de contrôler l'approvisionnement en eau du pays. Mais les temples d'Abou-Simbel allaient alors être engloutis. On lança donc une mission internationale de sauvetage pour les déplacer (avec une partie de la falaise) 65 m au-dessus de leur emplacement d'origine, à l'abri des eaux du lac Nasser.

Les souverains de l'Égypte

Période préhistorique et prédynastique : avant 3000 av. J.-C.

Pendant la période prédynastique, l'Égypte eut de nombreux souverains locaux qui régnèrent sur des cités-États indépendantes. C'est Narmer qui fut le premier roi à régner sur le pays entier.

Époque archaïque 3000 – 2649 av. J.-C. Ire – IIe dynastie

Une série d'obscures souverains gouvernèrent l'Égypte unifiée. La capitale était alors Memphis. Ces pharaons étaient enterrés à Saqqarah ou à Abydos.

Les dynasties égyptiennes

Pendant plus de 3 000 ans, l'Égypte fut gouvernée par des pharaons (ou rois), dont certains étaient des femmes. Les historiens ont divisé cette période en dynasties : des successions de rois appartenant généralement, mais pas nécessairement, à la même famille. On ne connaît pas précisément les dates de règne de ces premiers pharaons. Un point d'interrogation figure après les noms des souverains sur lesquels les informations que l'on possède sont peu fiables.

Ancien Empire 2649 – 2150 av. J.-C. IIIe – VIe dynastie

IIIe dynastie
Nebka Ier ?
Djoser
Sékhemkhet ?
Khaba
Sanakht
Houni

IVe dynastie
Snéfrou
Kheops
Djedefrê
Khephren
Nebka II ?
Mykérinos
Chepseskaf

Ve dynastie
Ouserkaf
Sahourê
Néferikarê
Raneferef
Chepseskarê ?
Niouserrê
Menkaouhor
Djedkarê Isési
Ounas

VIe Dynastie
Téti
Userkare
Pépi Ier
Merenrê Ier
Pépi II

Première Pér. inter. 2150 – 2040 av. J.-C. VIIe – XIe dynastie

L'Égypte n'était plus un pays unifié. Une série de souverains locaux ont régné durant la Première Période intermédiaire. Cette période fut suvie du premier empire thébain, dont les souverains devinrent assez puissants pour réunifier l'Égypte et rétablir la stabilité dans le royaume.

Moyen Empire 2040 – 1640 av. J.-C. XIe – XIVe dynastie

Fin de la XIe dynastie
Montouhotep II Nebhépetrê
Montouhotep III
Montouhotep IV

XIIe Dynastie
Amenemhat Ier
Sésostris Ier
Amenemhat II
Sésostris II
Sésostris III
Amenemhat III
Amenemhat IV
Sobekneferou (femme)

XIIIe et XIVe dynasties
Une suite d'obscures souverains locaux

ancienne

Deuxième Pér. inter.
1640 – 1550 av. J.-C.
XVe – XVIIe dynastie

Le royaume était divisé en deux pendant cette période. L'Égypte du Nord était dirigée par les Hyksos « rois étrangers » ; l'Égypte du Sud, elle, gouvernée par des rois locaux, avait pour capitale la ville de Thèbes. Plus tard, les souverains thébains devinrent assez puissants pour vaincre les Hyksos et unifier l'Égypte.

Nouvel Empire
1550 – 1070 av. J.-C.
XVIIIe – XXe dynastie

XVIIIe DYNASTIE
Ahmosis
Aménophis Ier
Thoutmosis Ier
Thoutmosis II
Thoutmosis III et
Hatshepsout (femme)
Thoutmosis III
Aménophis II
Thoutmosis IV
Aménophis III
Akhenaton (Aménophis IV)
Smenkharê
Toutankhamon
Aï
Horemheb

XIXe DYNASTIE
Ramsès Ier
Séti Ier
Ramsès II (ou Ramsès le Grand)
Merenptah
Séti II
Amennès
Siptah
Taousret (femme)

XXe DYNASTIE
Sethnakht
Ramsès III
Ramsès IV
Ramsès V
Ramsès VI
Ramsès VII
Ramsès VIII
Ramsès IX
Ramsès X
Ramsès XI

Troisième Pér. inter.
1070 – 712 av. J.-C.
XXIe – XXIVe dynastie

Le royaume égyptien fut à nouveau divisé en deux. Les souverains égyptiens régnaient sur le nord de l'Égypte et leur capitale se trouvait dans le delta du Nil ; les grands prêtres du dieu Amon, eux, contrôlaient le sud du pays depuis leur capitale, Thèbes. Cette situation déboucha sur une période où l'Égypte fut sous contrôle étranger.

Période tardive
712 – 332 av. J.-C.
XXVe – XXXIe dynastie

XXVe DYNASTIE (SOUVERAINS NUBIENS)
Kachta
Piye
Chabaka
Chebitkou
Taharka
Tanoutamon

XXVIe DYNASTIE
Néchao Ier
Psammétique Ier
Néchao II
Psammétique II
Apriès
Amasis
Psammétique III

XXVIIe DYNASTIE (SOUVERAINS PERSES)
Cambyse II
Darius Ier
Xerxès Ier
Artaxerxès Ier
Xerxès II
Darius II
Artaxerxès II

XXVIIIe DYNASTIE
Amyrtée

XXIXe DYNASTIE
Néphéritès Ier
Psammouthis
Hakôris
Néphéritès II

XXXe DYNASTIE
Nectanebo Ier
Téos
Nectanebo II

XXXIe DYNASTIE (SOUVERAINS PERSES)
Artaxerxès III

Période ptolémaïque
332 – 30 av. J.-C.

DYNASTIE MACÉDONIENNE
332 – 302 av. J.-C.
Alexandre le Grand
Philippe III Arridée
Alexandre IV

PÉRIODE PTOLÉMAÏQUE
Ptolémée Ier Sôter
Ptolémée II Philadelphe
Ptolémée III Évergète Ier
Ptolémée IV Philopator
Ptolémée V Épiphane
Ptolémée VI Philométor et Ptolémée VIII Néos Eupator
Ptolémée VI Philométor
Ptolémée VII Évergète II
Ptolémée IX Sôter II
Ptolémée X Alexandre Ier
Ptolémée IX Sôter II
Ptolémée XI Alexandre II et Bérénice III
Ptolémée XII Néos Dionysos
Bérénice IV et Cléopâtre VI
Ptolémée XII Néos Dionysos
Cléopâtre VII et Ptolémée XIII
Cléopâtre VII et Ptolémée XIV
Cléopâtre VII et Ptolémée XV Philopator Caesar, dit Césarion

Conquête romaine 30 av. J.-C.

Glossaire

Akhet Saison de la crue ou des inondations. La crue annuelle de la vallée du Nil avait lieu de juillet à octobre.

Amon Le plus important des dieux d'Égypte durant le Nouvel Empire. Le temple principal d'Amon était à Karnak, ville élevée sur les ruines de Thèbes (aujourd'hui Louxor).

Amon-Rê La réunion des dieux Amon et Rê.

amulette Petit objet ou bijou que l'on porte pour se protéger du mal.

ankh Croix symbolisant la vie, portée par les dieux, les rois et les reines.

antichambre Pièce menant à une salle ou à une pièce principale, se trouvant souvent à l'entrée des pyramides ou des tombes creusées dans la roche.

Anubis Dieu (à tête de chacal) de la Momification. Il présidait à la cérémonie de la pesée du cœur.

apr. J.-C. Abréviation signifiant « après Jésus-Christ ». Utilisée pour mesurer le temps, cette abréviation indique le nombre d'années écoulées après la date supposée de la naissance du Christ.

archéologue Personne qui entreprend des fouilles et étudie les vestiges matériels du passé humain.

Assouan (haut barrage d') Barrage construit dans les années 1960 pour permettre aux Égyptiens de contrôler les eaux du Nil. Les temples d'Abou-Simbel ont été démontés et décplacés plus haut pour les protéger des eaux du lac Nasser.

Aton Dieu vénéré par Akhenaton, pharaon de la XVIIIe dynastie. Aton était représenté sous la forme d'un disque solaire. La ville de Tell el-Amarna (l'ancienne Akhetaton) fut construite en l'honneur d'Aton.

Atoum Dieu créateur de l'univers.

au-delà Ce qui est au-delà de la mort. Les anciens Égyptiens croyaient en l'au-delà, c'est-à-dire à une vie après la mort.

av. J.-C. Abréviation signifiant « avant Jésus-Christ ». Utilisée pour mesurer le temps, cette abréviation indique le nombre d'années écoulées avant la date supposée de la naissance du Christ.

Basse-Égypte Égypte du Nord ; la région du Delta, au nord de la ville actuelle du Caire.

brique de terre crue La terre crue désigne la terre en tant que matériau de construction. Les maisons et palais d'Égypte étaient construits avec des briques de terre crue séchées au soleil, terre provenant de l'épais limon du Nil.

cartouche Boucle ovale encadrant le nom d'un roi ou d'une reine d'Égypte dans une inscription hiéroglyphique.

chambre funéraire Principale pièce d'une pyramide ou d'une tombe taillée dans la roche. C'est là qu'on plaçait le corps du défunt.

Chemou Été égyptien, saison de trois mois, d'avril à juin.

civilisation Société organisée qui dispose d'un gouvernement, de coutumes sociales et qui maîtrise les technologies et les arts.

crosse Bâton à l'extrémité recourbée, que portaient les dieux ou les pharaons et qui symbolisait leur pouvoir.

Delta Région fertile située au nord de l'actuelle ville du Caire, là où le Nil se divise en plusieurs bras avant de se jeter dans la Méditerranée. Le Delta est aussi le nom que l'on donnait à la Basse-Égypte ou Égypte du Nord.

dorer Recouvrir d'une feuille d'or.

dynastie Succession de souverains qui apparte-naient souvent – mais pas toujours – à une même famille. Trente et une dynasties, sans compter les souverains macédoniens et ptolémaïques, ont régné successivement sur l'Égypte ancienne.

écriture démotique Forme d'écriture, issue de l'écriture hiératique, apparue vers 700 av. J.-C. et utilisée dans l'administration et le commerce.

écriture hiératique Forme d'écriture plus rapide que les hiéroglyphes. Elle s'écrivait toujours de droite à gauche, tandis que les hiéroglyphes, eux, pouvaient aussi s'écrire et se lire de gauche à droite et de haut en bas.

égyptologue Archéologue spécialisé qui étudie les écrits et les vestiges des anciens Égyptiens afin de savoir comment ils vivaient.

embaumeur Personne qui remplissait les corps des défunts d'épices et d'huiles pour les empêcher de se décomposer.

encens Substance aromatique extraite de la résine. On brûlait de l'encens au cours des cérémonies rituelles.

faïence Matériau semblable au verre, utilisé pour la fabrication de tasses, de jarres et d'amulettes. On l'obtenait en faisant chauffer du quartz en poudre dans un moule.

feuille d'or Très fine plaque d'or.

fléau Fouet porté par les dieux ou les pharaons.

frise Peinture ou gravure formant une bande qui décore le mur d'un temple ou d'une tombe, et qui raconte une histoire.

Hathor Déesse de la Maternité, de la Musique et de l'Ivresse. Elle prend tantôt la forme d'une belle jeune femme et tantôt la forme d'une vache.

Haute-Égypte L'Égypte du Sud ; la région située au sud de la ville actuelle du Caire.

hiéroglyphes Signes et dessins de l'ancienne écriture égyptienne.

Hittites Peuple ennemi de l'Égypte pendant le règne de Ramsès II. L'Empire hittite s'étendait à l'emplacement de l'actuelle Turquie.

Horus Fils d'Isis et d'Osiris. Le pharaon en était la manifestation sur terre, tandis que son père défunt était l'incarnation du dieu Osiris.

Imhotep Architecte de la IIIe dynastie, qui conçut la pyramide à degrés pour le pharaon Djoser.

irriguer Arroser les terres.

Isis Déesse, femme d'Osiris et mère d'Horus. C'était une puissante guérisseuse et une magicienne.

jardin maraîcher Jardin où l'on cultive des fruits et des légumes pour les vendre.

Khonsou Dieu, fils d'Amon et de Mout.

lin Plante dont la tige est utilisée pour fabriquer des tissus.

Livre des morts Rouleau de papyrus contenant des textes magiques, des prières et des illustrations. On plaçait ce livre dans la tombe d'un défunt pour l'aider à surmonter les dangers avant son arrivée dans le royaume des morts.

mastaba Pierre rectangulaire ou tombe en briques de terre crue. Les premiers pharaons égyptiens furent enterrés dans des mastabas.

momification Transformation d'un cadavre (humain ou animal) en momie par dessèchement et embaumement afin d'en conserver le corps.

Mout Déesse, épouse d'Amon.

natron Sel naturel, provenant du désert, qui absorbe l'humidité. Les anciens Égyptiens utilisaient le natron pour assécher les corps pendant la momification.

Nubie Région située au-delà de la frontière sud de l'Égypte. Ennemi traditionnel de l'Égypte et précieuse source d'or, la Nubie fut souvent annexée par les pharaons.

oasis Endroit d'un désert où la végétation pousse grâce à la présence d'un point d'eau.

obélisque Monument en pierre dressé, haut, étroit et pointu.

Osiris Dieu des Morts, régnant sur le monde souterrain, représenté sous la forme d'une momie. Il est l'époux d'Isis et le père d'Horus.

ouchebti Serviteur funéraire du défunt : statuette placée dans sa tombe pour le remplacer dans les corvées à accomplir dans le royaume des morts.

ouverture de la bouche (cérémonie de l') Cérémonie présidée par un prêtre lors de funérailles. À l'aide d'une hachette, l'héritier du défunt faisait mine d'ouvrir la bouche de la momie pour permettre à l'âme de retrouver le souffle de la vie.

papyrus Plante utilisée par les anciens Égyptiens pour fabriquer une sorte de papier ou pour construire les barques.

pectoral Bijou que portaient les pharaons et les nobles sur la poitrine.

Peret Période de la germination. Saison qui durait quatre mois, de novembre à février, pendant laquelle les paysans faisaient pousser leurs céréales.

période dynastique Époque où l'Égypte fut sous l'autorité de plusieurs dynasties de souverains.

périodes intermédiaires Époques où l'Egypte n'était pas un pays unifié, gouverné par un seul souverain.

pharaon Souverain de l'Égypte ancienne. Ce mot vient de l'égyptien « per-ao » qui signifie « la grande maison ». Il s'agit du palais où habitait le pharaon.

pigment Poudre colorée qu'on mélange à de l'eau pour fabriquer de l'encre ou de la peinture.

Ptah Dieu dont le temple principal se trouvait à Memphis, dans le nord de l'Égypte.

pylône Portail d'un fort, d'un palais ou d'un temple, encadré de deux grandes tours.

Rê Dieu-soleil, le plus important des dieux égyptiens durant l'Ancien Empire. Le temple principal de Rê était à Héliopolis (actuellement Le Caire).

Rê-Horakhty Dieu du Soleil, fusion de Rê et d'Horus.

relief Motif sculpté sur une surface en pierre.

rituel Pratique d'une cérémonie religieuse comme celle de « l'ouverture de la bouche ».

Rosette (pierre de) Bloc de basalte noir sur lequel figure un décret de Ptolémée V en trois langues qui permit à Champollion de déchiffrer les hiéroglyphes. Découverte en 1799, cette pierre mesure 114 cm de haut, 72 cm de large, 28 cm d'épaisseur et pèse 762 kg. Elle est exposée au British Museum à Londres.

sanctuaire Partie la plus sacrée d'un temple, là où, selon la croyance, vivait le dieu du temple.

sarcophage Cercueil de pierre contenant lui-même un cercueil où se trouvait la momie du défunt. Le sarcophage était souvent peint ou sculpté en relief.

scribe Personne (presque toujours un homme) qui savait lire et écrire.

Sekhmet Déesse représentée tantôt sous la forme d'une belle jeune femme, tantôt sous la forme d'un chat.

Senet Jeu égyptien qui se jouait avec un damier et des pions. Certaines cases portaient chance et d'autres malchance. Ce jeu ressemblait un peu au backgammon.

Seth Dieu maléfique à la curieuse tête d'animal. Il est le frère d'Isis et d'Osiris.

shadouf Système d'irrigation qui se compose d'une longue perche, maintenue par un poids à une extrémité et à laquelle était attaché un seau à l'autre extrémité. On l'utilisait pour puiser de l'eau dans le Nil ou dans un canal afin d'arroser les jardins.

sphinx Monstre fabuleux à tête d'homme (ou de bélier ou d'oiseau) et à corps de lion.

terre noire La terre fertile de la vallée et du delta du Nil. Les Égyptiens l'appelaient « Kemet ».

terre rouge Désert qui s'étendait au-delà de la vallée du Nil et du Delta. Les anciens Égyptiens l'appelaient « Deshret ». Les tombes et les pyramides ont été construites dans la « terre rouge ».

Thèbes Ville du Sud ; capitale de l'Égypte pendant le Nouvel Empire. Aujourd'hui Louxor.

Thot Le scribe des dieux. Il est tantôt représenté sous la forme d'un ibis (oiseau), tantôt sous la forme d'un babouin.

uræus Cobra royal porté sur le front, fixé sur le devant de la couronne ou de la coiffure royale.

vases canopes Vases funéraires contenant l'estomac, les poumons, les intestins et le foie d'un corps embaumé.

vizir Conseiller personnel du pharaon.

Index

Remerciements et crédits photographiques

L'éditeur remercie Alexandra Cooper et Steven Snape pour leurs contributions, ainsi que Puddingburn pour l'index.

COUVERTURE ET ILLUSTRATIONS
Malcolm Godwin/Moonrunner Design

CARTES
Map Illustrations

PHOTOGRAPHIES
(g=gauche, d=droite, hg=haut gauche, hmg= haut milieu gauche, hm=haut milieu, hmd= haut milieu droite, hd= haut droite, mg=milieu gauche, m=milieu, md=milieu droite, b=bas, bg=bas gauche, bmg=bas milieu gauche, bm=bas milieu, bmd=bas milieu droite, bd=bas droite

(APL = Australian Picture Library ; APL/CBT = Australian Picture Library/ Corbis ; BM = British Museum ; GI = Getty Images ; WF = Werner Forman Archive)

8bg Australian Associated Press ; **10**bmg, bmd, bg, hm WF ; bg, hm, hg Steven Snape ; bd, m, md, hd APL; mg BM ; hd APL/CBT ; **11**bmg, g, hd APL ; bmd BM ; bd Corel Corp ; bd, mg, md, hmg, hg, hd Steven Snape ; bd WF ; md Photodisc ; hmg APL/CBT ; hmd GI ; hg PhotoEssentials ; **13**md Jurgen Liepe ; **14**hd GI ; **15**hm Université de Dundee ; hg GI; **16**bd GI ; mg, md APL ; **18**bd WF ; mg APL/CBT ; **23**b, bg BM ; bm, bmd APL ; bd APL/CBT ; **24**mg BM ; **27**hd GI ; **30**bd APL ; **32**hd APL/CBT ; **35**bmd BM ; bd, hd APL ; **36**bmd APL ; bg, hd APL/CBT ; bd, mg GI ; **37**bmd, hd APL ; m GI ; **38**mg APL ; **45**hmg APL ; hd GI ; **46**bd GI ; **48**bg, bd WF ; **51**bg APL/CBT ; **53**hg APL/CBT

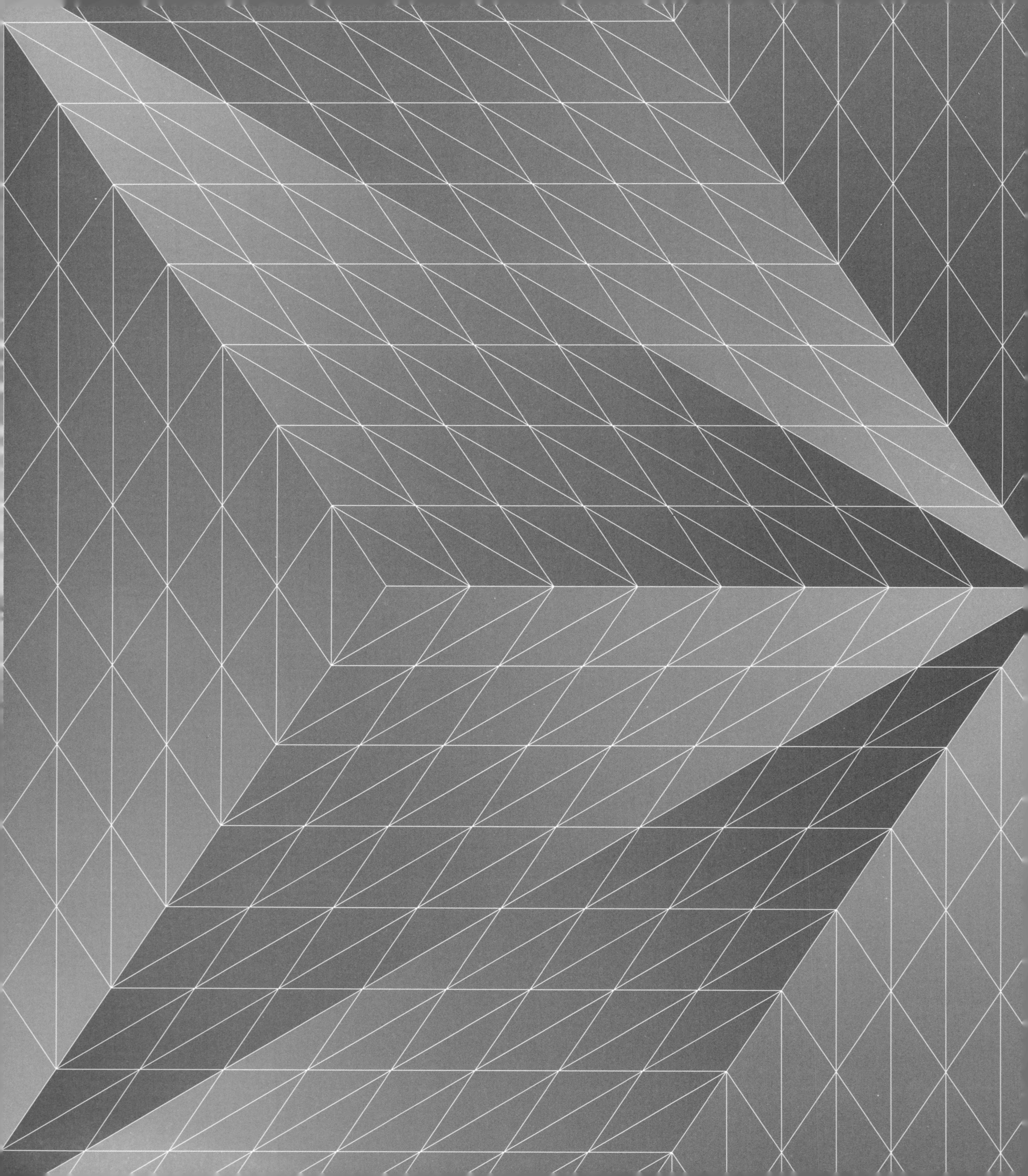